Curso

La diferencia entre aprobar
y sacar plaza

Escala Auxiliar Administrativa

UNIVERSIDAD DE HUELVA

Si aún no dispones de tu **Curso MAD360**, te ofrecemos un acceso GRATIS de 30 días para que disfrutes de los siguientes recursos:

- Técnicas de Memoria 360.
- MADTEST: Test *online* Nivel PRO.
- Temario en formato digital.
- Vídeos.
- Esquemas.
- Planificación de estudio.
- Foro entre opositores hasta la fecha del examen.*
- Recursos y novedades exclusivas.
- Consúltanos sobre tu oposición y proceso selectivo.
- Actualizaciones legislativas (Boletines Oficiales) hasta 60 días antes de la fecha del examen.*

Para acceder a esta prueba del Curso MAD360** será necesaria la compra de todos los libros para esta especialidad de la edición 2025.

Regístrate en **mad.es/iniciar-sesion** y en la pestaña MIS CURSOS valida los códigos que encuentras en la última página de tus libros.

NOTA IMPORTANTE:

* Examen de esta categoría profesional correspondiente a la convocatoria publicada en el BOE n.º 288, de 1 de diciembre de 2025, o hasta el 31 de enero de 2027, lo que se cumpla antes, y previa renovación del servicio.

** El acceso al CURSO MAD360 estará disponible desde enero de 2026 (algunos recursos podrían estar disponibles en fecha posterior). Tendrá una duración de 30 días RENOVABLES mediante pago, desde la validación de códigos, o hasta el 31 de julio de 2027, lo que se cumpla antes.

MAD se reserva el derecho a ampliar dichas fechas.

Escala Auxiliar Administrativa de la Universidad de Huelva

Diciembre 2025

Escala Auxiliar Administrativa de la Universidad de Huelva

Test del temario

Autores

FRANCISCO JESÚS TORRES FONSECA
Licenciado en Derecho

LIDIA MARINA PONCE MARTÍNEZ
Licenciada en Psicología
Máster en Terapia Familiar y de Sistemas

PATRICIA PÉREZ SÁNCHEZ-ROMATE
Licenciada en Derecho

CARLOS TOJEIRO ALCALÁ
Ingeniero Informático
Titulado MCP de Microsoft

MAGALÍ RIERA ROCA
Licenciada en Derecho

© 7 Editores Recursos para la Cualificación Profesional y el Empleo, S.L. (7 Editores)
© Los autores
Primera edición, diciembre 2025 (98 páginas)
Derechos de edición reservados a favor de 7 Editores
IMPRESO EN ESPAÑA
Diseño Portada: 7 Editores
Edita: 7 Editores
Avda. San Francisco Javier, 9 · Edificio Sevilla 2 · Planta 11 · Módulos 25-27 · 41018 Sevilla
Teléfono: 954 784 411 · WEB: www.mad.es · e-mail: administracion@7editores.com
ISBN: 979-13-702-8371-1
© "Editorial Mad" y "Eduforma" son nombres comerciales registrados de
7 Editores Recursos para la Cualificación Profesional y el Empleo, S.L.

Índice

Test n.º 1. La Constitución Española de 1978. Estructura y contenido. Título Preliminar. Título I: Derechos y deberes fundamentales. Título IV: El Gobierno y la Administración.. 9

Test n.º 2. Ley 39/2015, de 1 de octubre, del Procedimiento Administrativo Común de las Administraciones Públicas (I). Disposiciones generales. La capacidad de obrar y los interesados: capacidad de obrar, concepto de interesado, pluralidad de interesados y nuevos interesados en el procedimiento. La actividad de las Administraciones Públicas: normas generales de actuación, términos y plazos 15

Test n.º 3. Ley 39/2015, de 1 de octubre, del Procedimiento Administrativo Común de las Administraciones Públicas (II). El procedimiento administrativo común: iniciación, ordenación, instrucción y finalización.......... 21

Test n.º 4. Ley 39/2015, de 1 de octubre, del Procedimiento Administrativo Común de las Administraciones Públicas (III). Recursos administrativos: recurso de alzada, recurso potestativo de reposición y recurso extraordinario de revisión.. 27

Test n.º 5. La Ley 40/2015, de 1 de octubre, del Régimen Jurídico del Sector Público. Título Preliminar: Disposiciones generales, principios de actuación y funcionamiento del sector público....................................... 33

Test n.º 6. Real Decreto Legislativo 5/2015, de 30 de octubre, por el que se aprueba el texto refundido de la Ley del Estatuto Básico del Empleado Público. Objeto y ámbito de aplicación. Personal al Servicio de las Administraciones Públicas. Adquisición y pérdida de la relación de servicio. Derechos individuales de los empleados públicos y derechos individuales ejercidos colectivamente. Derecho a la jornada de trabajo, permisos y vacaciones. Deberes de los empleados públicos y código de conducta... 39

Test n.º 7. Ley Orgánica 3/2018 de 5 de diciembre, de Protección de Datos Personales y Garantías de los Derechos Digitales. Título II: Principios de Protección de Datos. Título III: Derechos de las personas 45

Test n.º 8. La Ley 19/2013, de 9 de diciembre, de transparencia, acceso a la información pública y buen gobierno. Derecho de acceso a la información pública 51

Test n.º 9. Ley 12/2007, de 26 de noviembre, para la promoción de la igualdad de género en Andalucía. Enseñanza universitaria. Igualdad en el sector público 57

Test n.º 10. Ley Orgánica 2/2023, de 22 de marzo, del Sistema Universitario. Funciones del sistema universitario y autonomía de las universidades. Creación y reconocimiento de las universidades y calidad del sistema universitario. Régimen jurídico y estructura de las universidades públicas. Gobernanza de las universidades públicas. Personal técnico, de gestión y de administración y servicios de las universidades públicas 63

Test n.º 11. Estatutos de la Universidad de Huelva. Concepto, naturaleza, fines, funciones, autonomía, capacidad, denominación, ámbito y normas reguladoras 67

Test n.º 12. Real Decreto 822/2021, de 28 de septiembre, por el que se establece la organización de las enseñanzas universitarias y del procedimiento de aseguramiento de su calidad. Disposiciones generales. Organización de las enseñanzas universitarias. Organización básica de las enseñanzas universitarias oficiales de Grado. Organización básica de las enseñanzas universitarias oficiales de Máster. Organización básica de las enseñanzas universitarias oficiales de Doctorado 71

Test n.º 13. Información general relativa a la Universidad de Huelva. Estructura del Gobierno. Centros, Departamentos. Catálogo de Titulaciones de Grado 75

Test n.º 14. Bases de ejecución presupuestaria de la Universidad de Huelva. El presupuesto. Los créditos y sus modificaciones. Gestión de los gastos 81

Test n.º 15. Reglamento de permanencia y progreso en las enseñanzas oficiales de Grado y Máster en la Universidad de Huelva 85

Test n.º 16. Microsoft 365: Word. Creación y estructuración del documento. Gestión, grabación, recuperación, impresión y control de versiones de documentos. Tablas. Objetos. Columnas. Encabezado y pie de página. Viñetas, numeración y esquema numerado. Creación de estilos. Formato de fuente, párrafo y página. Tabulaciones. Diseño de impresión 89

Test n.º 17. Microsoft 365: Excel. Libros, hojas y celdas. Configuración. Introducción y edición de datos. Fórmulas, funciones y referencias a hojas y celdas. Gráficos. Gestión de datos. Personalización del entorno de trabajo. Formato de celdas. Formatos condicionales. Protección de la hoja de cálculo por contraseña. Diseño de impresión 93

TEST N.º 1

La Constitución Española de 1978. Estructura y contenido. Título Preliminar. Título I: Derechos y deberes fundamentales. Título IV: El Gobierno y la Administración

1. El artículo 10 de la Constitución Española contempla:

a) Que la dignidad de la persona es fundamento del orden político y de la paz social.
b) El primero de los derechos fundamentales contenidos en la misma.
c) La prohibición de lesión a la persona física.
d) La interpretación de la Declaración Universal de Derechos Humanos conforme a la Constitución Española.

2. ¿Cuál de los siguientes no se especifica en el artículo 10.1 como fundamento del orden político y la paz social?

a) La dignidad de la persona.
b) Los derechos inviolables de la persona.
c) La seguridad jurídica.
d) El libre desarrollo de la personalidad.

3. En relación con la dignidad de la persona:

a) En realidad, la Constitución solamente la reconoce a la persona en tanto que ciudadana.
b) Puede verse alterada, jurídicamente hablando, atendiendo a la situación en que la persona se encuentre.
c) No admite grados.
d) Es renunciable y disponible.

4. El artículo 10 de la Constitución Española:

a) No reconoce el valor de los Tratados Internacionales, dándole el máximo y único valor a la Constitución.
b) Dispone que los tratados y acuerdos ratificados por España sirven de parámetro interpretativo de los derechos y libertades establecidos en la Constitución.

c) Reconoce únicamente validez, en relación con los derechos humanos, a la Declaración Universal de Derechos Humanos.

d) Establece que los Tratados Internacionales ratificados por España se situarán en una posición superior en la jerarquía normativa respecto de la Constitución.

5. De la Constitución se desprende que:

a) Los derechos y libertades establecidos en Tratados internacionales no tienen valor.

b) Los derechos y libertades establecidos en Tratados internacionales tienen rango constitucional.

c) Los derechos y libertades establecidos en Tratados internacionales tienen rango constitucional únicamente en la medida en que también estén reconocidos en la Constitución Española.

d) Los derechos reconocidos en Tratados internacionales tienen eficacia directa, por este hecho, en los tribunales españoles, aunque no hayan estado ratificados por el Estado español.

6. En relación con la nacionalidad española:

a) La Constitución establece que solamente se puede adquirir por nacimiento.

b) Se adquiere únicamente por nacimiento, no obstante, un extranjero puede optar a la residencia.

c) Se puede adquirir.

d) Nunca se puede perder.

7. En base a la Constitución Española:

a) Un español nunca puede perder su nacionalidad.

b) Ningún español de origen podrá ser privado de su nacionalidad.

c) La nacionalidad siempre se conserva.

d) No se admite la doble nacionalidad de un español.

8. En relación con la doble nacionalidad:

a) La Constitución Española no la permite.

b) El Estado puede concertar tratados de doble nacionalidad con los países iberoamericanos o con aquellos que hayan tenido o tengan una particular vinculación con España.

c) Solamente se puede reconocer en relación con la nacionalidad de otros países europeos.

d) Solamente se puede reconocer en relación con antiguos países que formaban parte de la Corona española.

9. ¿Cuál de las siguientes afirmaciones es falsa?

a) No es la primera vez que una Constitución Española regula aspectos relacionados con la nacionalidad.

b) La Constitución Española no es la única a nivel mundial que contiene regulación respecto de la nacionalidad de los ciudadanos del Estado.

c) En la Constitución se desarrollan las formas de adquisición, conservación y pérdida de la nacionalidad española, dada su importancia.

d) La nacionalidad es una cualidad jurídica de la persona.

10. En base al artículo 12 de la Constitución Española:

a) Los españoles se pueden emancipar a los dieciocho años.

b) Los españoles se pueden emancipar a los dieciséis años.

c) Los españoles son mayores de edad a los dieciocho años.

d) Los españoles son mayores de edad a los veintiún años.

11. Indica la respuesta incorrecta:

a) Que la Constitución establezca cuál es la edad de obtención de la mayoría de edad no implica que, por causa justificada, la ley pueda establecer otras edades para ejercer algunos derechos y obligaciones.

b) Que la Constitución establezca cuál es la edad de obtención de la mayoría de edad no implica la imposibilidad de emanciparse.

c) La Constitución equipara la minoría de edad con la incapacidad.

d) La Constitución vincula, en términos generales, la mayoría de edad a la adquisición de la plena capacidad de obrar.

12. No ser mayor de edad implica:

a) Que no puedes votar en las elecciones.

b) Que no puedes contraer matrimonio.

c) Que no puedes trabajar.

d) Que no puedes celebrar ningún tipo de contrato.

13. Atendiendo a lo dispuesto en el artículo 13 de la Constitución:

a) En todo caso, solamente los españoles están legitimados para participar en asuntos públicos.

b) Los extranjeros gozarán es España de los derechos fundamentales, pero no de las libertades públicas establecidas en la Constitución.

c) Los españoles son titulares del derecho de participación en los asuntos públicos, lo que puede extenderse, vía tratado o ley, a otros sujetos para el derecho de sufragio activo y pasivo en las elecciones municipales, siempre atendiendo a criterios de reciprocidad.

d) Solamente los españoles mayores de edad y con determinado nivel cultural pueden participar en asuntos públicos.

14. En relación con el derecho de asilo:

a) No se puede conceder a los refugiados, en ningún caso.

b) Por ley orgánica se establecerán los términos en que los ciudadanos de otros países podrán gozar de este derecho en España.

c) Por ley se establecerán los términos en que los ciudadanos de otros países y los apátridas podrán gozar de este derecho en España.

d) Por reglamento se establecerán los términos en que los apátridas podrán gozar de este derecho en España.

15. Indica la respuesta correcta en relación con la extradición:

a) La extradición solo se concederá en cumplimiento de un tratado o de la ley, atendido al principio de reciprocidad.

b) La extradición solo se concederá en cumplimiento de un tratado o de la ley, sin requerirse la reciprocidad.

c) También se puede conceder la extradición por delitos políticos.

d) No se puede extraditar por actos de terrorismo.

En MADTEST tienes **más preguntas de este tema**, y todos tus avances quedan registrados y se reflejan en el ranking.

¡Supera tus límites con MADTEST!

Solución al test n.º 1

1. a) Que la dignidad de la persona es fundamento del orden político y de la paz social.

2. c) La seguridad jurídica.

3. c) No admite grados.

4. b) Dispone que los tratados y acuerdos ratificados por España sirven de parámetro interpretativo de los derechos y libertades establecidos en la Constitución.

5. c) Los derechos y libertades establecidos en Tratados internacionales tienen rango constitucional únicamente en la medida en que también estén reconocidos en la Constitución Española.

6. c) Se puede adquirir.

7. b) Ningún español de origen podrá ser privado de su nacionalidad.

8. b) El Estado puede concertar tratados de doble nacionalidad con los países iberoamericanos o con aquellos que hayan tenido o tengan una particular vinculación con España.

9. c) En la Constitución se desarrollan las formas de adquisición, conservación y pérdida de la nacionalidad española, dada su importancia.

10. c) Los españoles son mayores de edad a los dieciocho años.

11. c) La Constitución equipara la minoría de edad con la incapacidad.

12. a) Que no puedes votar en las elecciones.

13. c) Los españoles son titulares del derecho de participación en los asuntos públicos, lo que puede extenderse, vía tratado o ley, a otros sujetos para el derecho de sufragio activo y pasivo en las elecciones municipales, siempre atendiendo a criterios de reciprocidad.

14. c) Por ley se establecerán los términos en que los ciudadanos de otros países y los apátridas podrán gozar de este derecho en España.

15. a) La extradición solo se concederá en cumplimiento de un tratado o de la ley, atendido al principio de reciprocidad.

TEST N.º 2

Ley 39/2015, de 1 de octubre, del Procedimiento Administrativo Común de las Administraciones Públicas (I). Disposiciones generales. La capacidad de obrar y los interesados: capacidad de obrar, concepto de interesado, pluralidad de interesados y nuevos interesados en el procedimiento. La actividad de las Administraciones Públicas: normas generales de actuación, términos y plazos

1. ¿A qué capacidad se refiere el art. 3 de la Ley 39/2015, de 1 de diciembre, en relación con las personas físicas?

a) A la capacidad jurídica.
b) A la capacidad para ser titular de derechos subjetivos.
c) A la capacidad para ser titular de deberes jurídicos.
d) A la capacidad de obrar.

2. Los menores de edad, ¿tienen capacidad de obrar ante las Administraciones Públicas?

a) Sí, en todo caso, para el ejercicio y defensa de aquellos de sus derechos e intereses cuya actuación esté permitida por el ordenamiento jurídico sin la asistencia de la persona que ejerza la patria potestad, tutela o curatela.
b) No, en ningún caso; únicamente tendrán capacidad de obrar ante las Administraciones Públicas, las personas físicas mayores de edad no incapacitadas.
c) Sí, para el ejercicio y defensa de aquellos de sus derechos e intereses cuya actuación esté permitida por el ordenamiento jurídico sin la asistencia de la persona que ejerza la patria potestad, tutela o curatela, aunque sean menores incapacitados, siempre que la extensión de la incapacitación no afecte al ejercicio y defensa de los derechos o intereses de que se trate.
d) Sí, excepto los menores incapacitados.

3. Excepto el supuesto previsto por el artículo 3.b) de la Ley 39/2015, de 1 de octubre, los menores de edad no tienen capacidad de obrar ante las Administraciones Públicas, y necesitan de la asistencia de la persona que ejerza la patria potestad, tutela o curatela. En relación con la patria potestad, señala cuál de los siguientes enunciados es incorrecto:

a) La patria potestad, como responsabilidad parental, se ejercerá siempre en interés de los hijos, de acuerdo con su personalidad, y con respeto a sus derechos, su integridad física y mental.

b) El ejercicio de la patria potestad comprende representar a sus hijos y administrar sus bienes.

c) Los hijos emancipados están bajo la patria potestad de los progenitores.

d) Si los hijos tuvieren suficiente madurez deberán ser oídos siempre antes de adoptar decisiones que les afecten.

4. ¿Quiénes de los siguientes están sujetos a tutela?

a) Los menores emancipados que estén bajo la patria potestad.

b) Los menores no emancipados que no estén bajo la patria potestad.

c) Los menores emancipados que no estén bajo la patria potestad.

d) Los hijos no emancipados.

5. ¿Cuál de las siguientes características se vincula con la institución de la curatela del menor a que hace referencia el art. 3.b) de la Ley 39/2015, de 1 de octubre?

a) El curador no cuida de la persona sujeta a curatela, sino de su patrimonio.

b) La función del curador es la de complementar la capacidad del menor en todos aquellos actos o negocios jurídicos que no puede realizar por sí mismo.

c) El curador tiene cura de la persona sujeta a curatela, pero no de su patrimonio.

d) El curador tiene cura de la persona sujeta a curatela y de su patrimonio.

6. Los patrimonios independientes o autónomos, ¿tienen capacidad de obrar ante las Administraciones Públicas?

a) Sí.

b) No.

c) Siempre que la ley así lo declare expresamente.

d) Los patrimonios independientes o autónomos tienen reconocida capacidad jurídica ante las Administraciones Públicas en aplicación del artículo 3 de la Ley 39/2015, de 1 de octubre.

7. Tendrán capacidad de obrar ante las Administraciones Públicas las personas jurídicas que ostenten capacidad de obrar con arreglo a las normas civiles. ¿En qué momento adquirirán esta capacidad?

a) Desde el instante mismo en que, con arreglo a derecho, hubiesen quedado válidamente constituidas.

b) Las personas jurídicas adquirirán su capacidad de obrar en los mismos términos que las personas físicas.

c) En el momento en que finalice su personalidad.

d) Las personas jurídicas no tienen capacidad de obrar ante las Administraciones Públicas sino capacidad jurídica.

8. En aplicación del art. 3 de la Ley 39/2015, de 1 de octubre, NO tendrán capacidad de obrar ante las Administraciones Públicas:

a) Las personas físicas incapacitadas.

b) Las personas jurídicas que ostenten capacidad de obrar con arreglo a las normas civiles.

c) Los menores de edad para el ejercicio y defensa de aquellos de sus derechos e intereses cuya actuación esté permitida por el ordenamiento jurídico sin la asistencia de la persona que ejerza la patria potestad, tutela o curatela.

d) Las asociaciones de interés público reconocidas por la ley.

9. ¿Una persona declarada pródiga tiene capacidad de obrar plena ante las Administraciones Públicas?

a) Sí; las personas físicas tienen capacidad de obrar ante las Administraciones Públicas.

b) No; puede estar sujeta a tutela.

c) No; puede estar sujeta a curatela.

d) No; está sujeta a la patria potestad de sus progenitores.

10. La Ley 40/2015, de 1 de octubre, de régimen jurídico del sector público, ¿establece alguna regulación sobre la capacidad de obrar de los interesados ante las Administraciones Públicas?

a) Sí, en su artículo 3.

b) Sí, en tanto la Ley 40/2015, de 1 de octubre, tiene por objeto regular el procedimiento administrativo común a todas las Administraciones Públicas.

c) No, en tanto la Ley 40/2015, de 1 de octubre, únicamente tiene por objeto regular los principios a los que se ha de ajustar el ejercicio de la iniciativa legislativa y la potestad reglamentaria.

d) No.

11. Una persona que quiera participar en un proceso selectivo para cubrir plazas en una Administración Pública, ¿se considera interesada en el procedimiento administrativo?

a) Sí, en aplicación del artículo 4.1.a) de la Ley 39/2015, de 1 de octubre.

b) Sí, en aplicación del artículo 4.1.b) de la Ley 39/2015, de 1 de octubre.

c) Sí, en aplicación del artículo 4.1.c) de la Ley 39/2015, de 1 de octubre.

d) No, en tanto el procedimiento lo ha promovido la Administración y no la persona interesada.

12. En un procedimiento de expropiación forzosa, una persona reclama para sí la titularidad de una parcela que no está a su nombre; ¿tendrá la consideración de persona interesada en el procedimiento administrativo?

a) Sí, en aplicación del artículo 4.1.a) de la Ley 39/2015, de 1 de octubre.
b) Sí, en aplicación del artículo 4.1.b) de la Ley 39/2015, de 1 de octubre.
c) Sí, en aplicación del artículo 4.1.c) de la Ley 39/2015, de 1 de octubre.
d) No, en tanto el procedimiento lo ha promovido la Administración y no la persona interesada.

13. En un procedimiento de expropiación forzosa, el titular de un bien inmueble objeto de expropiación, ¿tendrá la consideración de interesado en el procedimiento administrativo?

a) Sí, en aplicación del artículo 4.1.a) de la Ley 39/2015, de 1 de octubre.
b) Sí, en aplicación del artículo 4.1.b) de la Ley 39/2015, de 1 de octubre.
c) Sí, en aplicación del artículo 4.1.c) de la Ley 39/2015, de 1 de octubre.
d) Sí, en aplicación del artículo 4.2 de la Ley 39/2015, de 1 de octubre.

14. ¿Qué interés se reconocería a los Colegios Profesionales para intervenir en el procedimiento de homologación de títulos obtenidos en el extranjero?

a) Interés legítimo individual de cada uno de los profesionales que integran los Colegios Profesionales.
b) Derechos subjetivos de los poseedores de los títulos que van a ser objeto de homologación.
c) Intereses legítimos colectivos.
d) Intereses sociales.

15. La titular de un establecimiento de restauración en Benidorm, quiere solicitar al Ayuntamiento una autorización para proceder a la ocupación de un espacio de uso público con mesas, sillas y sombrillas para su negocio. ¿Tendrá la consideración de interesada en el procedimiento administrativo de autorización?

a) Sí, en aplicación del artículo 4.1.a) de la Ley 39/2015, de 1 de octubre.
b) Sí, en aplicación del artículo 4.1.b) de la Ley 39/2015, de 1 de octubre.
c) Sí, en aplicación del artículo 4.1.c) de la Ley 39/2015, de 1 de octubre.
d) Sí, en aplicación del artículo 4.2 de la Ley 39/2015, de 1 de octubre.

En MADTEST tienes **más preguntas de este tema**, y todos tus avances quedan registrados y se reflejan en el ranking.

¡Supera tus límites con MADTEST!

Solución al test n.º 2

1. d) A la capacidad de obrar.

2. c) Sí, para el ejercicio y defensa de aquellos de sus derechos e intereses cuya actuación esté permitida por el ordenamiento jurídico sin la asistencia de la persona que ejerza la patria potestad, tutela o curatela, aunque sean menores incapacitados, siempre que la extensión de la incapacitación no afecte al ejercicio y defensa de los derechos o intereses de que se trate.

3. c) Los hijos emancipados están bajo la patria potestad de los progenitores.

4. b) Los menores no emancipados que no estén bajo la patria potestad.

5. b) La función del curador es la de complementar la capacidad del menor en todos aquellos actos o negocios jurídicos que no puede realizar por sí mismo.

6. c) Siempre que la ley así lo declare expresamente.

7. a) Desde el instante mismo en que, con arreglo a derecho, hubiesen quedado válidamente constituidas.

8. a) Las personas físicas incapacitadas.

9. c) No; puede estar sujeta a curatela.

10. d) No.

11. b) Sí, en aplicación del artículo 4.1.b) de la Ley 39/2015, de 1 de octubre.

12. c) Sí, en aplicación del artículo 4.1.c) de la Ley 39/2015, de 1 de octubre.

13. b) Sí, en aplicación del artículo 4.1.b) de la Ley 39/2015, de 1 de octubre.

14. c) Intereses legítimos colectivos.

15. a) Sí, en aplicación del artículo 4.1.a) de la Ley 39/2015, de 1 de octubre.

TEST N.º 3

Ley 39/2015, de 1 de octubre, del Procedimiento Administrativo Común de las Administraciones Públicas (II). El procedimiento administrativo común: iniciación, ordenación, instrucción y finalización

1. Los que tuvieren la condición de interesados en un procedimiento administrativo, podrán conocer del estado de la tramitación del mismo:

a) En el trámite de audiencia.
b) En el trámite de información pública.
c) En cualquier momento
d) Solo cuando lo permita el instructor del procedimiento.

2. Las medidas provisionales adoptadas antes de la iniciación del procedimiento administrativo, deberán ser confirmadas, modificadas o levantadas en el acuerdo de iniciación del procedimiento, que deberá efectuarse:

a) Dentro de los quince días siguientes a su adopción, pudiendo ser recurrido.
b) Dentro de los veinte días siguientes a su adopción, pudiendo de ser recurrido.
c) Dentro de los diez días siguientes a su adopción, sin posibilidad de ser recurrido.
d) Dentro de los veinte días siguientes a su adopción, sin posibilidad de ser recurrido.

3. Cuando el acuerdo de iniciación del procedimiento no contenga un pronunciamiento expreso acerca de las medidas provisionales previas, dichas medidas:

a) Se mantendrán, hasta la fase de alegaciones.
b) Se mantendrán, salvo que haya recurso pendiente.
c) Se prorrogaran por quince días.
d) Quedarán sin efecto.

4. Los procedimientos de naturaleza sancionadora se iniciarán:

a) De oficio o a instancia de parte.
b) Siempre a instancia de parte.

c) Siempre de oficio.

d) En virtud de denuncia.

5. Si la solicitud de iniciación del procedimiento administrativo no reúne los requisitos recogidos en la Ley 39/2015 u otros exigidos por la legislación específica aplicable:

a) Se inadmitirá la solicitud presentada por el interesado.

b) Se le dará un plazo de cinco días para que vuelva a presentar la solicitud correctamente.

c) Se le dará un plazo de veinte días para que subsane la falta o acompañe los documentos preceptivos.

d) Se le dará un plazo de diez días para que subsane la falta o acompañe los documentos preceptivos.

6. ¿Suspenderá la tramitación del procedimiento las cuestiones incidentales que se susciten en el mismo?

a) No.

b) Sí.

c) No, salvo las que se refieran a la nulidad de actuaciones.

d) No, incluso las relativas a la recusación no se suspenderán.

7. Señala cuál de las siguientes no podrá adoptarse como medidas provisionales en un procedimiento administrativo:

a) Embargo preventivo de bienes.

b) Inmovilización de cosa mueble.

c) Retirada o intervención de bienes productivos.

d) Suspensión definitiva de actividades.

8. El interesado en el procedimiento administrativo tiene derecho:

a) A formular alegaciones y a utilizar los medios de defensa admitidos por el Ordenamiento Jurídico en cualquier fase del procedimiento.

b) A formular alegaciones, a utilizar los medios de defensa admitidos por el Ordenamiento Jurídico, y a aportar documentos en cualquier fase del procedimiento anterior al trámite de audiencia.

c) A formular alegaciones y a utilizar los medios de defensa admitidos por el Ordenamiento Jurídico en cualquier fase del procedimiento, pero solo podrá aportar documentos con posterioridad al trámite de audiencia.

d) A formular alegaciones y a utilizar los medios de defensa admitidos por el Ordenamiento Jurídico en cualquier fase del procedimiento anterior al dictado de la resolución por la que se pone fin al procedimiento.

9. Contra el acuerdo de acumulación de procedimientos:

a) Cabe recurso de revisión.

b) Cabe recurso extraordinario de revisión.

c) No cabe recurso alguno.

d) Cabe recurso de alzada.

10. Los procedimientos administrativos que no tengan naturaleza sancionadora se podrán iniciar:

a) Por acuerdo del órgano competente o a petición razonada de otros órganos.

b) Por acuerdo del órgano competente, bien por propia iniciativa o como consecuencia de orden superior, a petición razonada de otros órganos o por denuncia.

c) Por denuncia solamente.

d) De oficio siempre.

11. Cuando el procedimiento se iniciara por una denuncia en la que se invocara un perjuicio en el patrimonio de las Administraciones Públicas:

a) La no iniciación del procedimiento deberá ser motivada y se notificará a los denunciantes la decisión de si se ha iniciado o no el procedimiento.

b) La iniciación del procedimiento deberá ser motivada y no se notificará a los denunciantes, si el instructor lo considera oportuno.

c) La no iniciación del procedimiento quedará a la decisión del instructor, sin necesidad de motivarla, salvo a petición del denunciante.

d) La no iniciación del procedimiento nunca deberá ser motivada.

12. Los interesados podrán solicitar el inicio de un procedimiento de responsabilidad patrimonial:

a) Siempre.

b) Dentro de los cuatro años siguientes a aquel en que se produjo el acto que motiva la indemnización.

c) Si así se dispone por sentencia.

d) Cuando no haya prescrito su derecho a reclamar.

13. El plazo de subsanación de la solicitud de iniciación del procedimiento podrá ampliarse prudencialmente, cuando la aportación de los documentos requeridos presente dificultades especiales:

a) Hasta cinco días.

b) Hasta diez días.

c) Hasta quince días.

d) Siempre por diez días más.

14. En los procedimientos de naturaleza sancionadora, ¿cuál de los siguientes no es un derecho de los presuntos responsables?

a) A ser notificado de la identidad del instructor.

b) A saber quién es la autoridad competente para imponer la sanción.

c) A ser informado de sus derechos procesales penales.
d) A ser notificado de los hechos que se le imputen.

15. ¿Hay presunción de existencia de responsabilidad administrativa mientras no se demuestre lo contrario?

a) Sí, salvo excepciones.
b) Nunca.
c) Solo en los procedimientos de naturaleza sancionadora.
d) Siempre.

En MADTEST tienes **más preguntas de este tema**, y todos tus avances quedan registrados y se reflejan en el ranking.

¡Supera tus límites con MADTEST!

Solución al test n.º 3

1. c) En cualquier momento.

2. a) Dentro de los quince días siguientes a su adopción, pudiendo ser recurrido.

3. d) Quedarán sin efecto.

4. c) Siempre de oficio.

5. d) Se le dará un plazo de diez días para que subsane la falta o acompañe los documentos preceptivos.

6. a) No.

7. d) Suspensión definitiva de actividades.

8. b) A formular alegaciones, a utilizar los medios de defensa admitidos por el Ordenamiento Jurídico, y a aportar documentos en cualquier fase del procedimiento anterior al trámite de audiencia.

9. c) No cabe recurso alguno.

10. b) Por acuerdo del órgano competente, bien por propia iniciativa o como consecuencia de orden superior, a petición razonada de otros órganos o por denuncia.

11. a) La no iniciación del procedimiento deberá ser motivada y se notificará a los denunciantes la decisión de si se ha iniciado o no el procedimiento.

12. d) Cuando no haya prescrito su derecho a reclamar.

13. a) Hasta cinco días.

14. c) A ser informado de sus derechos procesales penales.

15. b) Nunca.

Ley 39/2015, de 1 de octubre, del Procedimiento Administrativo Común de las Administraciones Públicas (III). Recursos administrativos: recurso de alzada, recurso potestativo de reposición y recurso extraordinario de revisión

1. La revisión de las disposiciones dictadas por las Administraciones Públicas en vía administrativa supone:

a) La anulabilidad de los actos y disposiciones siempre que no hayan sido recurridos en plazo.

b) La estimación de las reclamaciones efectuadas por los particulares cuando haya transcurrido el plazo sin que se hubiera dictado la resolución correspondiente.

c) La declaración de oficio de la nulidad de los actos administrativos que pongan fin a la vía administrativa.

d) La posibilidad de que la nulidad de los actos administrativos sea declarada mediante dictamen del Consejo de Estado u órgano consultivo equivalente de la Comunidad Autónoma.

2. Transcurridos seis meses desde que la Administración inició de oficio el procedimiento de revisión de una disposición administrativa o un acto nulo, sin dictarse resolución, se producirá:

a) La prescripción del derecho del interesado a reclamar.

b) La nulidad *ipso iure* de la disposición o acto.

c) La desestimación de la pretensión ejercitada en el mismo.

d) La caducidad del procedimiento.

3. En los procedimientos de revisión de disposiciones administrativas y actos nulos, no será preceptiva la intervención del Consejo de Estado u órgano equivalente de la Comunidad Autónoma:

a) Cuando la nulidad sea declarada de oficio pero a instancias de interesado.

b) Para acordar motivadamente la inadmisión a trámite de las solicitudes formuladas por los interesados, siempre que no se basen en una nulidad de pleno derecho.

c) En los supuestos en que la nulidad dimane de una vulneración de normas de rango superior.

d) Para acordar motivadamente la inadmisión a trámite de las solicitudes formuladas por los interesados en cualquier caso.

4. Cuando una disposición administrativa haya sido declarada nula, el particular afectado por el acto en cuestión:

a) Tendrá derecho a ser indemnizado, siempre que el daño causado sea efectivo, evaluable, individualizado y no hubiera tenido el deber jurídico de soportarlo.

b) Será indemnizado, si en la resolución que así lo declare se reconoce ese derecho.

c) No será indemnizado en ningún caso, pues subsisten las consecuencias de los actos firmes dictados en aplicación de la misma.

d) Deberá ser indemnizado en todo caso y por el simple hecho de la declaración de nulidad, pues al serle aplicada una norma manifiestamente ilegal, el perjuicio o daño se presume.

5. El plazo para declarar de oficio la nulidad de los actos administrativos que hayan puesto fin a la vía administrativa o que no hayan sido recurridos en su momento oportuno, es:

a) De seis meses.

b) De cuatro años.

c) De cuatro años para los que no hayan sido recurridos en plazo e indefinidamente para los que pongan fin a la vía administrativa.

d) *Sine die*, es decir, no existe plazo alguno para ello.

6. La declaración de lesividad de los actos administrativos favorables a los interesados:

a) Supone la nulidad automática de los mismos, sin necesidad de recabar dictamen del Consejo de Estado u órgano consultivo equivalente de la Comunidad Autónoma.

b) Reconoce el derecho de los particulares a ser indemnizados como consecuencia de los daños y perjuicios que les haya causado la aplicación de los actos declarados nulos.

c) Permite a las Administraciones Públicas impugnar ante la Jurisdicción Contencioso-Administrativa dichos actos.

d) Es la Resolución por la que se declara la anulabilidad de los mismos.

7. Los actos administrativos con defectos de forma pero con los requisitos formales indispensables para alcanzar su fin, sin causar indefensión de los interesados:

a) Serán declarados lesivos para el interés público si ha beneficiado al interesado o interesados.

b) Son anulables, previa declaración de lesividad y el dictamen favorable del Consejo de Estado u órgano consultivo equivalente de la Comunidad Autónoma.

c) Son nulos de pleno derecho.

d) No son anulables, por lo general.

8. La lesividad de un acto administrativo podrá declararse:

a) A los cuatro años desde su dictado.
b) Antes de los seis meses desde que se dictó.
c) Cuatro años después de conocido el vicio que lo invalida.
d) En cualquier momento.

9. El transcurso del plazo previsto para la resolución del procedimiento en el que se declare la lesividad del acto, sin haberse acordado la misma, supone:

a) La anulabilidad del acto administrativo.
b) La nulidad del acto administrativo.
c) La firmeza del acto administrativo.
d) La caducidad del procedimiento administrativo.

10. La competencia para declarar la lesividad de un acto emanado de una entidad de las que integran la Administración Local corresponde:

a) Al Alcalde de la Corporación.
b) Al Pleno de la Corporación.
c) Al órgano individual superior de la Corporación.
d) Al Consejo de Estado u órgano consultivo equivalente de la Comunidad Autónoma.

11. La suspensión de la ejecución de los actos administrativos sobre los que se haya iniciado un procedimiento de revisión de oficio se podrá acordar:

a) Siempre, cuando así discrecionalmente lo decida la Administración.
b) En ningún caso, pues no es posible su suspensión.
c) Cuando así lo solicite el interesado, previo aval que garantice las responsabilidades que se pudieran derivar.
d) Si se pudieran causar perjuicios de imposible o difícil reparación.

12. Los errores materiales, de hecho o aritméticos existentes en los actos administrativos podrán ser rectificados:

a) Siempre que no haya transcurrido el plazo de prescripción.
b) En cualquier momento.
c) Cuando no constituya exención o dispensa contraria a la ley.
d) Si no atenta contra la igualdad, el interés público o el ordenamiento jurídico.

13. No es un límite al ejercicio de las facultades de revisión de actos administrativos expresamente previsto en la Ley 39/2015, de 1 de octubre:

a) El interés público.
b) La equidad.

c) La buena fe.

d) Los derechos de los ciudadanos.

14. La competencia para la revisión de oficio de las disposiciones y de actos nulos y anulables dictados por los Secretarios de Estado de la Administración General la ostenta:

a) El Consejo de Ministros.

b) El máximo órgano rector colegiado del Ministerio al que se encuentren adscritos.

c) Ellos mismos.

d) El Ministro del que dependan.

15. ¿Qué recurso o recursos se pueden oponer contra los actos administrativos de trámite que no se encuentren afectos de nulidad ni anulabilidad?

a) Alzada.

b) Reposición.

c) Ninguno, sin perjuicio de alegar el defecto que corresponda al recurrir contra la resolución que ponga fin al procedimiento, en su caso.

d) Alzada y potestativo de reposición.

En MADTEST tienes **más preguntas de este tema**, y todos tus avances quedan registrados y se reflejan en el ranking.

¡Supera tus límites con MADTEST!

Solución al test n.º 4

1. c) La declaración de oficio de la nulidad de los actos administrativos que pongan fin a la vía administrativa.

2. d) La caducidad del procedimiento.

3. b) Para acordar motivadamente la inadmisión a trámite de las solicitudes formuladas por los interesados, siempre que no se basen en una nulidad de pleno derecho.

4. a) Tendrá derecho a ser indemnizado, siempre que el daño causado sea efectivo, evaluable, individualizado y no hubiera tenido el deber jurídico de soportarlo.

5. d) Sine die, es decir, no existe plazo alguno para ello.

6. c) Permite a las Administraciones Públicas impugnar ante la Jurisdicción Contencioso Administrativa dichos actos.

7. d) No son anulables, por lo general.

8. a) A los cuatro años desde su dictado.

9. d) La caducidad del procedimiento administrativo.

10. b) Al Pleno de la Corporación.

11. d) Si se pudieran causar perjuicios de imposible o difícil reparación.

12. b) En cualquier momento.

13. a) El interés público.

14. d) El Ministro del que dependan.

15. c) Ninguno, sin perjuicio de alegar el defecto que corresponda al recurrir contra la resolución que ponga fin al procedimiento, en su caso.

TEST N.º 5

La Ley 40/2015, de 1 de octubre, del Régimen Jurídico del Sector Público. Título Preliminar: Disposiciones generales, principios de actuación y funcionamiento del sector público

1. De conformidad con el artículo 8 de la Ley 40/2015, de 1 de octubre, de Régimen Jurídico del Sector Público, la competencia para el dictado de actos administrativos:

a) Es irrenunciable y siempre se ejercerá por los órganos administrativos que la tengan atribuida como propia.

b) Se puede delegar en todo caso.

c) Es irrenunciable y se ejercerá por los órganos administrativos que la tengan atribuida como propia, salvo los casos de delegación o avocación, en los términos previstos en la ley.

d) Es irrenunciable y se ejercerá por los órganos administrativos que la tengan atribuida como propia, salvo los casos de delegación de firma o suplencia, en los términos previstos en la ley.

2. En ningún caso podrán ser objeto de delegación, tal y como dispone la Ley 40/2015, de 1 de octubre, competencias relativas a:

a) La resolución de los recursos de alzada.

b) La adopción de disposiciones de carácter general.

c) Las resoluciones en materia de personal.

d) Las resoluciones de responsabilidad patrimonial.

3. Según dispone el artículo 23 de la Ley 40/2015, de 1 de octubre, de Régimen Jurídico del Sector Público, es motivo de abstención:

a) Tener interés personal en el asunto de que se trate o en otro en cuya resolución pudiera influir la de aquel, ser administrador de sociedad o entidad interesada, o tener cuestión litigiosa pendiente con algún interesado.

b) Tener parentesco de consanguinidad dentro del cuarto grado o de afinidad dentro del tercero, con cualquiera de los interesados, con los administradores de entidades o sociedades interesadas o con sus asesores o representantes legales.

c) Haber prestado servicios profesionales de cualquier tipo y en cualquier circunstancia o lugar en los cinco últimos años a persona natural interesada directamente en el asunto.

d) Haber prestado servicios profesionales de cualquier tipo y en cualquier circunstancia o lugar en los cinco últimos años a persona jurídica interesada directamente en el asunto.

4. La recusación de acuerdo con el artículo 24 de la Ley 40/2015, de 1 de octubre, de Régimen Jurídico del Sector Público, la promueve:

a) La autoridad.
b) El superior jerárquico de la autoridad o funcionario.
c) El interesado.
d) El funcionario.

5. Según dispone el artículo 23 de la Ley 40/2015, de 1 de octubre, de Régimen Jurídico del Sector Público, NO es un motivo de abstención:

a) Haber tenido intervención como perito en el procedimiento de que se trate.
b) Tener parentesco de afinidad dentro del segundo grado, con cualquiera de los interesados, con los administradores de entidades o sociedades interesadas y también con los asesores, representantes legales o mandatarios que intervengan en el procedimiento.
c) Tener parentesco de afinidad dentro del cuarto grado, con cualquiera de los interesados, con los administradores de entidades o sociedades interesadas y también con los asesores, representantes legales o mandatarios que intervengan en el procedimiento.
d) Haber tenido intervención como testigo en el procedimiento de que se trate.

6. De conformidad con lo previsto en el Capítulo III, del Título Preliminar, de la Ley 40/2015, de 1 de octubre, de Régimen Jurídico del Sector Público, entre otros, son principios de la potestad sancionadora:

a) Principio de legalidad, tipicidad, proporcionalidad y presunción de inocencia.
b) Principio de legalidad, irretroactividad, tipicidad y presunción de inocencia.
c) Principio de legalidad, tipicidad y proporcionalidad.
d) Principio de legalidad, tipicidad y presunción de inocencia.

7. Según el artículo 9 de la Ley 40/2015, de 1 de octubre, de Régimen Jurídico del Sector Público, la delegación de competencias:

a) Será revocable en cualquier momento por el órgano que la haya conferido.
b) Es irrevocable.
c) Será revocable solo por el Consejo de Gobierno.
d) Será revocable solo por el Consejo de Ministros.

8. De acuerdo con el artículo 3 de la Ley 40/2015, de 1 de octubre, de Régimen Jurídico del Sector Público, ¿cuáles son los principios de actuación de las Administraciones Públicas?

a) Jerarquía, cooperación, descentralización, desconcentración y colaboración.
b) Eficacia, desconcentración, jerarquía, descentralización y cooperación.
c) Coordinación, descentralización, jerarquía, eficacia y desconcentración.
d) Cooperación, jerarquía, descentralización, eficiencia y servicio a los ciudadanos.

9. ¿Qué principios deberán respetar en su actuación las Administraciones Públicas, conforme al artículo 3 de la Ley 40/2015, de 1 de octubre, de Régimen Jurídico del Sector Público?

a) Los de buena fe y confianza legítima.
b) Los de eficiencia y servicio a los ciudadanos.
c) Participación, objetividad y transparencia de la actuación administrativa.
d) Los de transparencia y participación.

10. ¿Qué principios deberán respetar en sus relaciones las Administraciones Públicas?

a) Buena fe, confianza legítima y lealtad institucional.
b) Los de eficiencia y servicio a los ciudadanos.
c) Los de transparencia y participación.
d) Los de cooperación y colaboración.

11. Las Administraciones Públicas se relacionarán entre sí y con sus órganos, organismos públicos y entidades vinculados o dependientes, conforme al artículo 3.2 de la Ley 40/2015, de 1 de octubre, de Régimen Jurídico del Sector Público:

a) A través de medios electrónicos.
b) A través de medios electrónicos, que aseguren la interoperabilidad y seguridad de los sistemas y soluciones adoptadas por cada una de ellas garantizando la protección de los datos de carácter personal, y facilitando preferentemente la prestación conjunta de servicios a los interesados.
c) Directamente y sin dilación garantizando la protección de los datos de carácter personal, y facilitarán preferentemente la prestación conjunta de servicios a los interesados.
d) Preferentemente a través de medios electrónicos, que aseguren la prestación conjunta de servicios a los interesados.

12. ¿Cuál de las siguientes respuestas es correcta, de acuerdo con lo dispuesto en el artículo 3.4 de la Ley 40/2015, de 1 de octubre, de Régimen Jurídico del Sector Público?

a) Cada Administración Pública actúa para el cumplimiento de sus fines con personalidad jurídica única.
b) Las Administraciones Públicas se configuran como órganos territoriales.

c) Las Administraciones Públicas están integradas por entes locales.

d) Cada Administración instrumental actúa para el cumplimiento de sus fines con personalidad jurídica única.

13. Conforme a lo dispuesto en el artículo 5.3 de la Ley 40/2015, de 1 de octubre, de Régimen Jurídico del Sector Público, ¿qué requisito, de los siguientes, debe cumplirse para la creación de cualquier órgano administrativo?

a) Determinar su forma de descentralización en la Administración Pública de que se trate.

b) Fijar los objetivos de interés común a cumplir.

c) La dotación de los créditos necesarios para su puesta en marcha y funcionamiento.

d) Deben cumplirse todos los requisitos anteriores.

14. De acuerdo con lo dispuesto en el artículo 8.1 de la Ley 40/2015, de 1 de octubre, de Régimen Jurídico del Sector Público, ¿cómo es la competencia que ejerce un órgano administrativo que la tenga atribuida como propia?

a) Es compartida con el órgano de superior jerarquía.

b) Es irrenunciable.

c) Es renunciable ante el órgano superior del mismo ente.

d) Es renunciable ante el órgano superior del mismo ente, a través de la técnica de la avocación.

15. Señala la respuesta correcta. De acuerdo con lo dispuesto en el artículo 8 de la Ley 40/2015, de 1 de octubre, de Régimen Jurídico del Sector Público:

a) Se pueden crear órganos que supongan duplicación de otros ya existentes.

b) La delegación de firma y la suplencia supone alteración de la titularidad de la competencia.

c) La encomienda de gestión supone alteración de la titularidad de la competencia.

d) Salvo los casos de avocación o delegación la competencia es irrenunciable.

En MADTEST tienes **más preguntas de este tema**, y todos tus avances quedan registrados y se reflejan en el ranking.

¡Supera tus límites con MADTEST!

Solución al test n.º 5

1. c) Es irrenunciable y se ejercerá por los órganos administrativos que la tengan atribuida como propia, salvo los casos de delegación o avocación, en los términos previstos en la ley.

2. b) La adopción de disposiciones de carácter general.

3. a) Tener interés personal en el asunto de que se trate o en otro en cuya resolución pudiera influir la de aquel, ser administrador de sociedad o entidad interesada, o tener cuestión litigiosa pendiente con algún interesado.

4. c) El interesado.

5. c) Tener parentesco de afinidad dentro del cuarto grado, con cualquiera de los interesados, con los administradores de entidades o sociedades interesadas y también con los asesores, representantes legales o mandatarios que intervengan en el procedimiento.

6. c) Principio de legalidad, tipicidad y proporcionalidad.

7. a) Será revocable en cualquier momento por el órgano que la haya conferido.

8. c) Coordinación, descentralización, jerarquía, eficacia y desconcentración.

9. c) Participación, objetividad y transparencia de la actuación administrativa.

10. a) Buena fe, confianza legítima y lealtad institucional.

11. b) A través de medios electrónicos, que aseguren la interoperabilidad y seguridad de los sistemas y soluciones adoptadas por cada una de ellas, garantizando la protección de los datos de carácter personal, y facilitando preferentemente la prestación conjunta de servicios a los interesados.

12. a) Cada Administración Pública actúa para el cumplimiento de sus fines con personalidad jurídica única.

13. c) La dotación de los créditos necesarios para su puesta en marcha y funcionamiento.

14. b) Es irrenunciable.

15. d) Salvo los casos de avocación o delegación la competencia es irrenunciable.

TEST N.º 6

Real Decreto Legislativo 5/2015, de 30 de octubre, por el que se aprueba el texto refundido de la Ley del Estatuto Básico del Empleado Público. Objeto y ámbito de aplicación. Personal al Servicio de las Administraciones Públicas. Adquisición y pérdida de la relación de servicio. Derechos individuales de los empleados públicos y derechos individuales ejercidos colectivamente. Derecho a la jornada de trabajo, permisos y vacaciones. Deberes de los empleados públicos y código de conducta

1. La ley que contiene la regulación del Estatuto Básico del Empleado Público vigente es:

a) La Ley 1/2001.
b) La Ley 7/2007.
c) El Real Decreto Legislativo 5/2015.
d) El Real Decreto Legislativo 1/2018.

2. El Real Decreto Legislativo 5/2015, de 30 de octubre, tiene por objeto:

a) Establecer las bases del régimen jurídico de todo trabajador que trabaja en la Administración Pública.
b) Establecer las bases del régimen estatutario de los funcionarios públicos que se incluyen en su ámbito de aplicación.
c) Establecer las bases del régimen jurídico de todo trabajador español.
d) Establecer las bases del régimen jurídico de todo trabajador que trabaja en España.

3. El artículo 1.3 del Real Decreto Legislativo 5/2015:

a) Hace referencia explícita a la igualdad de trato entre mujeres y hombres.
b) No hace referencia explícita a la igualdad de trato entre mujeres y hombres, pero sí que se deduce de la redacción del mismo.
c) No hace ningún tipo de referencia a la igualdad de trato entre mujeres y hombres.
d) No hace ningún tipo de referencia a la igualdad.

4. En relación con el acceso y promoción profesional, el Real Decreto Legislativo 5/2015 dispone que se deberá llevar a cabo atendiendo a criterios de:

a) Igualdad, premura y preferencia de la mujer sobre el hombre.
b) Mérito y concurso.
c) Únicamente por mérito.
d) Igualdad, mérito y capacidad.

5. En relación con la planificación y gestión de los recursos humanos, el artículo 1.3 del Real Decreto Legislativo 5/2015 establece la actuación con:

a) Eficiencia.
b) Eficacia.
c) Premura.
d) Resolutividad.

6. ¿Cuál de los siguientes es un criterio de actuación contenido en el artículo 1.3 del Real Decreto Legislativo 5/2015?

a) Transparencia.
b) Responsabilidad en la gestión.
c) Desarrollo y cualificación profesional permanente de los empleados públicos.
d) Todas las respuestas anteriores son correctas.

7. El Estatuto Básico del Empleado Público se aplica:

a) Únicamente al personal funcionario de todas las Administraciones Públicas.
b) Únicamente al personal laboral de todas las Administraciones Públicas.
c) Al personal funcionario y laboral de la Administración General del Estado y de las Administraciones de las comunidades autónomas y de las Administraciones de las entidades locales, pero no al de organismos públicos, agencias y demás entidades de derecho público con personalidad jurídica propia, vinculadas o dependientes de cualquiera de las Administraciones Públicas.
d) Al personal funcionario y laboral de la Administración General del Estado y de las Administraciones de las comunidades autónomas y de las Administraciones de las entidades locales, así como al de las Universidades Públicas.

8. El personal docente y el personal estatutario de los Servicios de Salud:

a) Se rige por el Estatuto Básico del Empleado Público, en todo caso.
b) Se rige por legislación específica, en todo caso.
c) Se rige tanto por el Estatuto Básico del Empleado Público como por legislación específica.
d) Todas las respuestas anteriores son incorrectas.

9. Respecto del personal de las Administraciones Públicas no incluido en el ámbito de aplicación del Estatuto Básico del Empleado Público:

a) Se aplica siempre el Estatuto de los trabajadores.
b) Nunca podrá ser de aplicación el citado Estatuto.
c) Se podrá aplicar el Estatuto, pero con carácter supletorio.
d) Únicamente se podrá regir por normativa específica.

10. El Cuerpo de Policía Local:

a) Se rige por normativa local, en ningún caso por el Real Decreto Legislativo 5/2015.
b) Se rige en todo caso por lo establecido en el Real Decreto Legislativo 5/2015.
c) Se rige únicamente por la Ley Orgánica 2/1986, de 13 de marzo, de Fuerzas y Cuerpos de Seguridad.
d) Se rige por el Real Decreto Legislativo 5/2015 y por la legislación de cada comunidad autónoma, excepto en lo que establezca específicamente la Ley Orgánica 2/1986, de 13 de marzo, de Fuerzas y Cuerpos de Seguridad.

11. El personal funcionario de las entidades locales:

a) Se rige por normativa local, en ningún caso por el Real Decreto Legislativo 5/2015.
b) Se rige en todo caso por lo establecido en el Real Decreto Legislativo 5/2015.
c) Se rige únicamente por la Ley Orgánica 2/1986, de 13 de marzo, de Fuerzas y Cuerpos de Seguridad.
d) Se rige por la legislación estatal que resulte de aplicación, de la que forma parte el Estatuto Básico del Empleado Público, y por la legislación de las comunidades autónomas, con respeto a la autonomía local.

12. En el caso del personal funcionario de las Cortes Generales:

a) Se rige por la legislación específica propia que no se oponga a lo establecido por el Real Decreto Legislativo 5/2015.
b) Se rige por lo establecido en el Real Decreto Legislativo 5/2015.
c) Se rige por lo que dispone la legislación específica propia y por el Real Decreto Legislativo 5/2015, cuando así lo disponga la primera.
d) Se rige por el Estatuto de los Trabajadores.

13. En el caso del personal militar de las Fuerzas Armadas:

a) Se rige por la legislación específica propia que no se oponga a lo establecido por el Real Decreto Legislativo 5/2015.
b) Se rige por lo establecido en el Real Decreto Legislativo 5/2015.
c) Se rige por lo que dispone la legislación específica propia y por el Real Decreto Legislativo 5/2015, cuando así lo disponga la primera.
d) Se rige por el Estatuto de los Trabajadores.

14. En el caso del personal del Centro Nacional de Inteligencia:

a) Se rige por la legislación específica propia que no se oponga a lo establecido por el Real Decreto Legislativo 5/2015.

b) Se rige por lo establecido en el Real Decreto Legislativo 5/2015.

c) Se rige por lo que dispone la legislación específica propia y por el Real Decreto Legislativo 5/2015, cuando así lo disponga la primera.

d) Se rige por el Estatuto de los Trabajadores.

15. En el caso del personal funcionario de la Universidad Pública:

a) Se rige por la legislación específica propia que no se oponga a lo establecido por el Real Decreto Legislativo 5/2015.

b) Se rige por lo establecido en el Real Decreto Legislativo 5/2015.

c) Se rige por lo que dispone la legislación específica propia y por el Real Decreto Legislativo 5/2015, cuando así lo disponga la primera.

d) Se rige por el Estatuto de los Trabajadores.

En MADTEST tienes **más preguntas de este tema**, y todos tus avances quedan registrados y se reflejan en el ranking.

¡Supera tus límites con MADTEST!

Solución al test n.º 6

1. c) El Real Decreto Legislativo 5/2015.

2. b) Establecer las bases del régimen estatutario de los funcionarios públicos que se incluyen en su ámbito de aplicación.

3. a) Hace referencia explícita a la igualdad de trato entre mujeres y hombres.

4. d) Igualdad, mérito y capacidad.

5. b) Eficacia.

6. d) Todas las respuestas anteriores son correctas.

7. d) Al personal funcionario y laboral de la Administración General del Estado y de las Administraciones de las comunidades autónomas y de las Administraciones de las entidades locales, así como al de las Universidades Públicas.

8. c) Se rige tanto por el Estatuto Básico del Empleado Público como por legislación específica.

9. c) Se podrá aplicar el Estatuto, pero con carácter supletorio.

10. d) Se rige por el Real Decreto Legislativo 5/2015 y por la legislación de cada comunidad autónoma, excepto en lo que establezca específicamente la Ley Orgánica 2/1986, de 13 de marzo, de Fuerzas y Cuerpos de Seguridad.

11. d) Se rige por la legislación estatal que resulte de aplicación, de la que forma parte el Estatuto Básico del Empleado Público, y por la legislación de las comunidades autónomas, con respeto a la autonomía local.

12. c) Se rige por lo que dispone la legislación específica propia y por el Real Decreto Legislativo 5/2015, cuando así lo disponga la primera.

13. c) Se rige por lo que dispone la legislación específica propia y por el Real Decreto Legislativo 5/2015, cuando así lo disponga la primera.

14. c) Se rige por lo que dispone la legislación específica propia y por el Real Decreto Legislativo 5/2015, cuando así lo disponga la primera.

15. b) Se rige por lo establecido en el Real Decreto Legislativo 5/2015.

TEST N.º 7

Ley Orgánica 3/2018 de 5 de diciembre, de Protección de Datos Personales y Garantías de los Derechos Digitales. Título II: Principios de Protección de Datos. Título III: Derechos de las personas

1. ¿Cómo se denomina el Título II de la Ley Orgánica 3/2018, de 5 de diciembre, de protección de datos personales y garantía de los derechos digitales?

a) Derechos de las personas.
b) Disposiciones generales.
c) Principios de protección de datos.
d) Autoridades de protección de datos.

2. Según establece el artículo 7.1 de la LO 3/2018, el tratamiento de los datos personales de un menor de edad únicamente podrá fundarse en su consentimiento cuando sea:

a) Mayor de 12 años.
b) Mayor de 15 años.
c) Mayor de 14 años.
d) Mayor de 13 años.

3. De conformidad con lo dispuesto en el artículo 4.11 del Reglamento (UE) 2016/679, se entiende por consentimiento del afectado toda manifestación de voluntad libre, específica, informada e inequívoca por la que este acepta:

a) Mediante una probable acción afirmativa, el tratamiento de datos personales que le conciernen.
b) Necesariamente mediante una declaración, el tratamiento de datos personales que le conciernen.
c) Mediante una declaración o una probable acción afirmativa, el tratamiento de datos personales que le conciernen.
d) Ya sea mediante una declaración o una clara acción afirmativa, el tratamiento de datos personales que le conciernen.

4. Según dispone el artículo 5.1 de la LO 3/2018, los responsables y encargados del tratamiento de datos así como todas las personas que intervengan en cualquier fase de este estarán sujetas al deber de:

a) Sigilo.
b) Secreto.
c) Confidencialidad.
d) Reserva.

5. Conforme al artículo 5.1.d) del Reglamento (UE) 2016/679 los datos serán:

a) Aproximados y, si fuere necesario, actualizados.
b) Aproximados y, en ningún caso, actualizados.
c) Exactos y, en ningún caso, actualizados.
d) Exactos y, si fuere necesario, actualizados.

6. A los efectos del artículo 9.2.a) del Reglamento (UE) 2016/679, a fin de evitar situaciones discriminatorias, levantar la prohibición del tratamiento de datos cuya finalidad principal sea identificar su ideología, afiliación sindical, religión, orientación sexual, creencias u origen racial o étnico:

a) En algún caso será posible con el consentimiento del afectado.
b) Siempre será posible aún sin el consentimiento del afectado.
c) No será posible con el solo consentimiento del afectado.
d) Será posible con el solo consentimiento del afectado.

7. Cuando se pretenda fundar el tratamiento de los datos en el consentimiento del afectado para una pluralidad de finalidades será preciso que conste de manera específica e inequívoca:

a) Que dicho consentimiento se otorga para todas ellas.
b) Que dicho consentimiento se otorga para todas o algunas de ellas.
c) A cuál de ellas se otorga.
d) No es posible fundar el tratamiento de los datos en el consentimiento del afectado para una pluralidad de finalidades.

8. A los efectos previstos en el artículo 5.1.d) del Reglamento (UE) 2016/679, no será imputable al responsable del tratamiento, siempre que este haya adoptado todas las medidas razonables para que se supriman o rectifiquen sin dilación, la inexactitud de los datos personales, con respecto a los fines para los que se tratan, cuando los datos inexactos:

a) Fuesen obtenidos de un registro público o privado por el responsable.
b) Hubiesen sido obtenidos por el responsable directamente del afectado.

c) Fuesen sometidos a tratamiento por el responsable por haberlos recibido de otro responsable en virtud del ejercicio por el afectado del derecho a la portabilidad conforme al artículo 20 del Reglamento (UE) 2019/679 y lo previsto en la Ley Orgánica de protección de datos personales y garantía de los derechos digitales.

d) Siempre será imputable al responsable del tratamiento la inexactitud de los datos personales, con respecto a los fines para los que se tratan.

9. El tratamiento de datos personales relativos a condenas e infracciones penales, para fines distintos de los de prevención, investigación, detección o enjuiciamiento de infracciones penales o de ejecución de sanciones penales, solo podrá llevarse a cabo cuando se encuentre amparado en:

a) Una norma de Derecho de la Unión.
b) Cualquier ley orgánica.
c) Un reglamento.
d) Una orden ministerial.

10. De conformidad con el artículo 5.3 de la LO 3/2018, el deber de confidencialidad y de secreto profesional de los responsables y encargados del tratamiento de datos:

a) Se mantendrán hasta diez años después de que finalice la relación del obligado con el responsable o encargado del tratamiento.
b) Se mantendrán hasta que finalice la relación del obligado con el responsable o encargado del tratamiento.
c) Se mantendrán aun cuando hubiese finalizado la relación del obligado con el responsable o encargado del tratamiento.
d) Se mantendrán hasta un año después de que finalice la relación del obligado con el responsable o encargado del tratamiento.

11. ¿Qué artículo del Título II "Principios de protección de datos" de la Ley Orgánica 3/2018, de 5 de diciembre, regula el deber de confidencialidad?

a) El artículo 4.
b) El artículo 6.
c) El artículo 8.
d) El artículo 5.

12. A tenor del artículo 10.2 de la LO 3/2018, el registro completo de los datos referidos a condenas e infracciones penales podrá realizarse conforme con lo establecido en la regulación de:

a) El Derecho Comunitario.
b) El Sistema de registros administrativos de apoyo a la Administración de Justicia.
c) Los sistemas de información del responsable.
d) Los derechos relacionados con las decisiones individuales automatizadas.

13. A los efectos del artículo 9.2.a) del Reglamento (UE) 2016/679, a fin de evitar situaciones discriminatorias, el solo consentimiento del afectado no bastará para levantar la prohibición del tratamiento de datos cuya finalidad principal sea identificar su:

a) Sexo.
b) Edad.
c) Orientación sexual.
d) Nacionalidad.

14. Los tratamientos de datos contemplados en las letras g), h) e i) del artículo 9.2 del Reglamento (UE) 2016/679 fundados en el Derecho español deberán estar amparados en una norma con rango de ley, que podrá establecer requisitos adicionales relativos a:

a) Su difusión y registro.
b) Su conservación y difusión.
c) Su confidencialidad y custodia.
d) Su seguridad y confidencialidad.

15. ¿Qué artículo del Título II "Principios de protección de datos" de la Ley Orgánica 3/2018, de 5 de diciembre, regula el tratamiento de datos de naturaleza penal?

a) El artículo 10.
b) El artículo 6.
c) El artículo 8.
d) El artículo 9.

En MADTEST tienes **más preguntas de este tema**, y todos tus avances quedan registrados y se reflejan en el ranking.

¡Supera tus límites con MADTEST!

Solución al test n.º 7

1. c) Principios de protección de datos.

2. c) Mayor de 14 años.

3. d) Ya sea mediante una declaración o una clara acción afirmativa, el tratamiento de datos personales que le conciernen.

4. c) Confidencialidad.

5. d) Exactos y, si fuere necesario, actualizados.

6. c) No será posible con el solo consentimiento del afectado.

7. a) Que dicho consentimiento se otorga para todas ellas.

8. b) Hubiesen sido obtenidos por el responsable directamente del afectado.

9. a) Una norma de Derecho de la Unión.

10. c) Se mantendrán aun cuando hubiese finalizado la relación del obligado con el responsable o encargado del tratamiento.

11. d) El artículo 5.

12. b) El Sistema de registros administrativos de apoyo a la Administración de Justicia.

13. c) Orientación sexual.

14. d) Su seguridad y confidencialidad.

15. a) El artículo 10.

TEST N.º 8

La Ley 19/2013, de 9 de diciembre, de transparencia, acceso a la información pública y buen gobierno. Derecho de acceso a la información pública

1. La cualidad que permite y facilita el acceso de los ciudadanos a la información pública en poder de la Administración dentro de los límites establecidos por la legislación vigente, se conoce como:

a) Accesibilidad.
b) Transparencia.
c) Objetividad.
d) Buen gobierno.

2. En el Capítulo I del Título I: "Transparencia de la actividad pública" de la Ley 19/2013, concretamente en el art. 3, se señala que serán objeto de aplicación de las disposiciones las entidades privadas:

a) En cuyo capital social la participación, directa o indirecta, sea superior al 50 %.
b) Que perciban durante el período de un año ayudas o subvenciones públicas en una cuantía superior a 100.000 euros o cuando al menos el 40 % del total de sus ingresos anuales tengan carácter de ayuda o subvención pública, siempre que alcancen como mínimo la cantidad de 5.000 euros.
c) Con personalidad jurídica propia, vinculadas a cualquiera de las Administraciones Públicas o dependientes de ellas.
d) Que tengan atribuidas funciones de regulación o supervisión de carácter externo sobre un determinado sector o actividad.

3. En el ámbito de la Administración General del Estado, ¿a quién corresponde la evaluación del cumplimiento de los planes y programas anuales y plurianuales que las Administraciones Públicas deben publicar?

a) Al Ministerio para la Transformación Digital y de la Función Pública.
b) Al Tribunal de Cuentas.
c) Al Instituto Nacional para las Administraciones Públicas (INAP).
d) A las Inspecciones Generales de Servicios.

4. El Portal de la Transparencia contendrá información publicada de acuerdo con las prescripciones técnicas que se establezcan reglamentariamente que deberán adecuarse a los siguientes principios. Señala la respuesta incorrecta:

a) Accesibilidad.
b) Interoperabilidad.
c) Control.
d) Reutilización.

5. ¿Qué título de la Ley 19/2013 regula todo lo relativo a la "Transparencia de la actividad pública"?

a) Título I.
b) Título II.
c) Título III.
d) Título IV.

6. ¿Qué plazo máximo otorgó la Ley 19/2013, de 9 de diciembre, de transparencia, acceso a la información pública y buen gobierno a los órganos de las Comunidades Autónomas y de las Entidades Locales para adaptarse a las obligaciones contenidas en dicha ley?

a) 1 año.
b) 2 años.
c) 3 años.
d) 5 años.

7. El cumplimiento de las obligaciones de publicidad activa derivadas de la Ley 19/2013, de 9 de diciembre, de transparencia, acceso a la información pública y buen gobierno, podrá realizarse utilizando los medios electrónicos puestos a su disposición por la Administración Pública de la que provenga la mayor parte de las ayudas o subvenciones públicas percibidas cuando se trate de entidades sin ánimo de lucro que persigan exclusivamente fines de interés social o cultural y cuyo presupuesto sea inferior a:

a) 50.000 euros.
b) 100.000 euros.
c) 200.000 euros.
d) 250.000 euros.

8. Según lo previsto en el artículo 18 de la Ley 19/2013, de 9 de diciembre, de transparencia, acceso a la información pública y buen gobierno, se inadmitirán a trámite, mediante resolución motivada, las solicitudes de acceso a la información:

a) Relativas a los intereses económicos y turísticos.
b) Relativas a la garantía de la confidencialidad o el secreto requerido en procesos de toma de decisión.

c) Relativas a información para cuya divulgación sea necesaria una acción previa de reelaboración.

d) Relativas a infraestructuras críticas.

9. ¿Qué organismo público se crea por la Ley 19/2013, de 9 de diciembre, de transparencia, acceso a la información pública y buen gobierno con la finalidad de promover la transparencia de la actividad pública, velar por el cumplimiento de las obligaciones de publicidad, salvaguardar el ejercicio de derecho de acceso a la información pública y garantizar la observancia de las disposiciones de buen gobierno?

a) El Instituto Nacional de Ética y Gobernanza.
b) La Comisión Ministerial de Lucha contra la Corrupción.
c) La Inspección de Servicios Administrativos.
d) El Consejo de Transparencia y Buen Gobierno.

10. El acceso a la información pública requiere:

a) Solicitud previa.
b) Acreditación de la condición de interesado.
c) Motivación expresa.
d) La utilización de medios telemáticos.

11. Cuando la información pública solicitada no contuviera datos especialmente protegidos, el órgano al que se dirija la solicitud concederá el acceso previa .... suficientemente razonada del interés público en la divulgación de la información y los derechos de los afectados cuyos datos aparezcan en la información solicitada, en particular su derecho fundamental a la protección de datos de carácter personal. Señala la palabra que falta:

a) Catalogación.
b) Acreditación.
c) Ponderación.
d) Identificación.

12. El incumplimiento reiterado de la obligación de resolver en plazo procedimientos de acceso a la información pública:

a) Tendrá la consideración de infracción grave.
b) Tendrá la consideración de infracción muy grave.
c) Tendrá la consideración de infracción leve.
d) No tendrá la consideración de infracción.

13. Frente a toda resolución expresa o presunta en materia de acceso podrá interponerse una reclamación ante el Consejo de Transparencia y Buen Gobierno, previo a su impugnación en vía contencioso-administrativa, con carácter:

a) Preceptivo.
b) Potestativo.

c) Colectivo.
d) Extraordinario.

14. Frente a toda resolución expresa o presunta en materia de acceso a la información pública podrá interponerse, con carácter potestativo y previo a su impugnación en vía contencioso-administrativa, una reclamación ante:

a) La Inspección de Servicios del Departamento correspondiente.
b) La Inspección de Servicios del Ministerio para la Transformación Digital y de la Función Pública.
c) El Consejo de Transparencia y Buen Gobierno.
d) El Instituto para la Evaluación de las Políticas Públicas.

15. Según el artículo 7 de la Ley 19/2013, de 9 de diciembre, de transparencia, acceso a la información pública y buen gobierno, relativo a la información de relevancia jurídica:

a) Las Administraciones Públicas, en el ámbito de sus competencias, publicarán los proyectos de Reglamento cuya iniciativa les corresponda.
b) Las Administraciones Públicas, en el ámbito de sus competencias, no publicarán los proyectos de Reglamento cuya iniciativa les corresponda.
c) Las Administraciones Públicas, en el ámbito de sus competencias, no podrán publicar los anteproyectos de ley hasta su aprobación.
d) Las Administraciones Públicas no podrán publicar los proyectos de decretos legislativos cuando se soliciten los dictámenes a los órganos consultivos.

En MADTEST tienes **más preguntas de este tema**, y todos tus avances quedan registrados y se reflejan en el ranking.

¡Supera tus límites con MADTEST!

Solución al test n.º 8

1. b) Transparencia.

2. b) Que perciban durante el período de un año ayudas o subvenciones públicas en una cuantía superior a 100.000 euros o cuando al menos el 40 % del total de sus ingresos anuales tengan carácter de ayuda o subvención pública, siempre que alcancen como mínimo la cantidad de 5.000 euros.

3. d) A las Inspecciones Generales de Servicios.

4. c) Control.

5. a) Título I.

6. b) 2 años.

7. a) 50.000 euros.

8. c) Relativas a información para cuya divulgación sea necesaria una acción previa de reelaboración.

9. d) El Consejo de Transparencia y Buen Gobierno.

10. a) Solicitud previa.

11. c) Ponderación.

12. a) Tendrá la consideración de infracción grave.

13. b) Potestativo.

14. c) El Consejo de Transparencia y Buen Gobierno.

15. a) Las Administraciones Públicas, en el ámbito de sus competencias, publicarán los proyectos de Reglamento cuya iniciativa les corresponda.

TEST N.º 9

Ley 12/2007, de 26 de noviembre, para la promoción de la igualdad de género en Andalucía. Enseñanza universitaria. Igualdad en el sector público

1. La Ley 12/2007, de 26 de noviembre, para la Promoción de la Igualdad de Género en Andalucía tiene como objetivo principal garantizar la vinculación de los poderes públicos en todos los ámbitos, en el cumplimiento, como instrumento imprescindible para el ejercicio de las competencias autonómicas en clave de género, de:

a) La transversalidad.
b) La humanización de la sociedad.
c) La Agenda 2030.
d) La perspectiva de sexo.

2. Según el artículo 5 de la Ley 12/2007, los poderes públicos potenciarán que la .... de la igualdad de género esté presente en la elaboración, ejecución y seguimiento de las disposiciones normativas, de las políticas en todos los ámbitos de actuación, considerando sistemáticamente las prioridades y necesidades propias de las mujeres y de los hombres, teniendo en cuenta su incidencia en la situación específica de unas y otros, al objeto de adaptarlas para eliminar los efectos discriminatorios y fomentar la igualdad de género. Señalar la palabra que falta en la anterior frase:

a) Transversalidad.
b) Perspectiva.
c) Política.
d) Aplicación.

3. Según el artículo 5 del Decreto 17/2012, de 7 de febrero, por el que se regula la elaboración del informe de evaluación del impacto de género, un extremo que ha de contener dicho informe es la identificación y análisis del .... social de partida de mujeres y hombres en relación con la disposición de que se trate. Señalar la palabra que falta en la frase anterior:

a) Contexto.
b) Entorno.

c) Medio.
d) Ámbito.

4. Según el artículo 7 de la Ley 12/2007, de 26 de noviembre, para la promoción de la igualdad de género en Andalucía, el Consejo de Gobierno de la Junta de Andalucía formulará un Plan Estratégico para la Igualdad de Mujeres y Hombres en Andalucía, con la participación de:

a) Todas las consejerías.
b) El Gobierno de la Nación.
c) El Parlamento de Andalucía.
d) Las Entidades Locales.

5. Según el artículo 9 de la Ley 12/2007, de 26 de noviembre, para la promoción de la igualdad de género en Andalucía, las Administraciones públicas de Andalucía garantizarán un uso no sexista del .... y un tratamiento igualitario en los contenidos e imágenes que utilicen en el desarrollo de sus políticas, en todos los documentos, titulaciones académicas y soportes que produzcan directamente o bien a través de personas o entidades. Señalar la palabra que falta en la frase anterior:

a) Idioma.
b) Expediente.
c) Lenguaje.
d) Archivo.

6. Según el artículo 10 de la Ley 12/2007, de 26 de noviembre, para la promoción de la igualdad de género en Andalucía, los poderes públicos de Andalucía, para garantizar de modo efectivo la integración de la perspectiva de género en su ámbito de actuación, deberán analizar y cuantificar el valor de:

a) La corresponsabilidad.
b) Las tareas del hogar.
c) La crianza de los hijos.
d) Los cuidados.

7. Según el artículo 10.2 de la Ley 12/2007, de 26 de noviembre, para la promoción de la igualdad de género en Andalucía, los poderes públicos de Andalucía, para garantizar de modo efectivo la integración de la perspectiva de género en su ámbito de actuación, realizarán análisis e investigaciones sobre la situación de desigualdad por razón de sexo y difundirán sus resultados. Especialmente, contemplarán la situación y necesidades de aquellos colectivos de mujeres sobre los que influyen diversos factores de discriminación, y de las mujeres en el medio rural y:

a) Periurbano.
b) Pesquero.
c) Industrial.
d) Urbano.

8. Según el artículo 11 de la Ley 12/2007, de 26 de noviembre, para la promoción de la igualdad de género en Andalucía, en el nombramiento de titulares de órganos directivos, cada Consejería, organismo público y entidad de derecho público vinculado o dependiente de la Administración Pública andaluza garantizará la representación de mujeres y hombres:

a) Equilibrada.
b) Igualitaria.
c) Similar.
d) Compensada.

9. Según el artículo 12 de la Ley 12/2007, de 26 de noviembre, para la promoción de la igualdad de género en Andalucía, la Administración de la Junta de Andalucía, a través de sus órganos de contratación, establecerá condiciones especiales en relación con la ejecución de los contratos que celebren, con el fin de promover la igualdad entre mujeres y hombres, especialmente en el ámbito:

a) Rural.
b) Educativo.
c) Laboral.
d) Asistencial.

10. Según el artículo 13 de la Ley 12/2007, de 26 de noviembre, para la promoción de la igualdad de género en Andalucía, la Administración de la Junta de Andalucía incorporará a las bases reguladoras de las subvenciones públicas la valoración de actuaciones de efectiva consecución de la igualdad de género por parte de las entidades solicitantes:

a) En todo caso.
b) Salvo que por Ley, se exima expresamente de tal valoración.
c) Salvo en aquellos casos en que, por la naturaleza de la subvención o de las entidades solicitantes, esté justificada su no incorporación.
d) Salvo que se trate de subvenciones de carácter sectorial.

11. Según el artículo 13.2 de la Ley 12/2007, de 26 de noviembre, para la promoción de la igualdad de género en Andalucía, la Administración de la Junta de Andalucía no formalizará contratos ni subvencionará, bonificará o prestará ayudas públicas a aquellas personas físicas o jurídicas condenadas por alentar o tolerar prácticas laborales consideradas discriminatorias por la legislación vigente, durante un plazo desde la fecha de la condena por sentencia firme, de:

a) 2 años.
b) 3 años.
c) 4 años.
d) 5 años.

12. Señala la opción incorrecta. Según el artículo 20.2 de la Ley 12/2007, en el sistema de acceso a la función pública docente, se incluirá en el programa de contenidos, un módulo específico con las siguientes materias:

a) Coeducación.
b) Prevención de la violencia de género.
c) Promoción de la igualdad.
d) Diversidad familiar.

13. Conforme al artículo 20.5 de la Ley 12/2007, todas las universidades de Andalucía elaborarán y aprobarán un plan de igualdad y prevención de la discriminación, que implicará al proyecto educativo, laboral, investigador y social de la universidad y que tendrá un carácter:

a) Anual.
b) Bianual.
c) Trienal.
d) Cuatrienal.

14. Conforme al artículo 21.3 de la Ley 12/2007, las Administraciones públicas de Anda-lucía, en el ámbito de sus competencias, fomentarán el apoyo a la formación y a la investiga-ción en materia de igualdad entre mujeres y hombres y promoverán y velarán por que en los proyectos de investigación de los que se puedan extraer resultados para las personas tengan en cuenta:

a) La representación equilibrada de mujeres y hombres.
b) La perspectiva de género.
c) La igualdad de oportunidades.
d) La diversidad de género.

15. Conforme al artículo 21 bis.3 de la Ley 12/2007, los agentes del Sistema Andaluz del Conocimiento del sector público andaluz establecerán mecanismos para eliminar los .... de género en los procedimientos de selección y evaluación del personal inves-tigador. Qué palabra falta en la frase anterior:

a) Estereotipos.
b) Indicadores.
c) Sesgos.
d) Criterios.

En MADTEST tienes **más preguntas de este tema**, y todos tus avances quedan registrados y se reflejan en el ranking.

¡Supera tus límites con MADTEST!

Solución al test n.º 9

1. a) La transversalidad.

2. b) Perspectiva.

3. a) Contexto.

4. d) Las Entidades Locales.

5. c) Lenguaje.

6. d) Los cuidados.

7. b) Pesquero.

8. a) Equilibrada.

9. c) Laboral.

10. c) Salvo en aquellos casos en que, por la naturaleza de la subvención o de las entidades solicitantes, esté justificada su no incorporación.

11. d) 5 años.

12. d) Diversidad familiar.

13. d) Cuatrienal.

14. b) La perspectiva de género.

15. c) Sesgos.

TEST N.º 10

Ley Orgánica 2/2023, de 22 de marzo, del Sistema Universitario. Funciones del sistema universitario y autonomía de las universidades. Creación y reconocimiento de las universidades y calidad del sistema universitario. Régimen jurídico y estructura de las universidades públicas. Gobernanza de las universidades públicas. Personal técnico, de gestión y de administración y servicios de las universidades públicas

1. ¿En qué fecha entró en vigor la Ley Orgánica 2/2023, del Sistema Universitario (LOSU)?

a) 12 de abril de 2023.
b) 23 de marzo de 2023.
c) 12 de abril de 2023.
d) 1 de enero de 2024.

2. ¿Cuál de las siguientes leyes fue derogada con la entrada en vigor de la LOSU?

a) La Ley Orgánica 6/2001, de 21 de diciembre.
b) La Ley Orgánica 11/1983.
c) El Real Decreto 640/2021.
d) La Ley 33/2011.

3. ¿Qué artículo de la Constitución Española reconoce la autonomía universitaria?

a) El artículo 14.
b) El artículo 27.10.
c) El artículo 103.
d) El artículo 149.

4. ¿Cuál es la función principal de la Universidad Nacional de Educación a Distancia (UNED)?

a) Desarrollar únicamente programas presenciales.
b) Gestionar títulos en el extranjero.

c) Realizar actividades académicas no presenciales e híbridas.
d) Promover la movilidad de estudiantes Erasmus.

5. ¿Qué título de la LOSU regula la internacionalización del sistema universitario?

a) Título IV.
b) Título VI.
c) Título VII.
d) Título IX.

6. ¿Qué órgano verifica los planes de estudio que conducen a títulos oficiales?

a) El Ministerio de Educación.
b) La Comunidad Autónoma.
c) El Consejo de Universidades.
d) La Agencia Nacional de Calidad.

7. ¿Cuál de los siguientes aspectos forma parte de la autonomía académica según la LOSU?

a) Administración del presupuesto.
b) Elaboración de planes de estudio.
c) Selección de personal administrativo.
d) Gestión de servicios externos.

8. ¿Qué mecanismo propone la LOSU para garantizar la transparencia en las universidades públicas?

a) Realización de auditorías privadas.
b) Creación de un portal de transparencia.
c) Inspección del Tribunal de Cuentas.
d) Publicación de informes quinquenales.

9. Según la LOSU, ¿qué porcentaje mínimo del PIB debe destinarse a financiación pública universitaria?

a) 1%.
b) 2%.
c) 5%.
d) 0.5%.

10. ¿Qué universidades son consideradas actores clave en la cohesión territorial?

a) Privadas.
b) Internacionales.

c) Públicas.
d) Tecnológicas.

11. La Ley Orgánica 2/2023 incluye medidas para:

a) Corregir la brecha salarial de género.
b) Reducir el número de universidades privadas.
c) Promover solo la educación presencial.
d) Limitar la formación a corto plazo.

12. ¿Cuál es el fin de los programas de formación a lo largo de la vida en la LOSU?

a) Garantizar la actualización laboral de cualquier persona.
b) Restringir el acceso a grados superiores.
c) Apoyar solo a estudiantes mayores de 30 años.
d) Ofrecer enseñanza gratuita a tiempo completo.

13. ¿Qué funciones tiene la Universidad según el artículo 2.2 de la LOSU?

a) Realizar exclusivamente investigación.
b) Emitir únicamente títulos de grado.
c) Difundir conocimiento en un área específica.
d) Contribuir al bienestar social y la cohesión territorial.

14. ¿Qué requisito establece la LOSU para la creación de universidades?

a) Disponibilidad de fondos públicos.
b) Planes de igualdad y medidas de accesibilidad.
c) Autorización directa del Rectorado.
d) Creación de un fondo propio de investigación.

15. ¿Quién regula las condiciones de reconocimiento de títulos universitarios extranjeros?

a) El Gobierno.
b) El Senado.
c) La Agencia de Calidad.
d) La Conferencia de Rectores.

En MADTEST tienes **más preguntas de este tema**, y todos tus avances quedan registrados y se reflejan en el ranking.

¡Supera tus límites con MADTEST!

Solución al test n.º 10

1. c) 12 de abril de 2023.

2. a) La Ley Orgánica 6/2001, de 21 de diciembre.

3. b) El artículo 27.10.

4. c) Realizar actividades académicas no presenciales e híbridas.

5. c) Título VII.

6. c) El Consejo de Universidades.

7. b) Elaboración de planes de estudio.

8. b) Creación de un portal de transparencia.

9. a) 1%.

10. c) Públicas.

11. a) Corregir la brecha salarial de género.

12. a) Garantizar la actualización laboral de cualquier persona.

13. d) Contribuir al bienestar social y la cohesión territorial.

14. b) Planes de igualdad y medidas de accesibilidad.

15. a) El Gobierno.

Estatutos de la Universidad de Huelva. Concepto, naturaleza, fines, funciones, autonomía, capacidad, denominación, ámbito y normas reguladoras

1. Según el artículo 53.1 del Estatuto de Autonomía para Andalucía, ¿qué tipo de competencia corresponde a la Comunidad Autónoma en materia de aprobación de los estatutos de las universidades públicas?

a) Competencia exclusiva.
b) Desarrollo legislativo.
c) Ejecución.
d) Inspección y coordinación.

2. ¿De qué año son los vigentes Estatutos de la Universidad de Huelva?

a) 2007.
b) 2009.
c) 2011.
d) 2015.

3. ¿Qué título de los Estatutos de la Universidad de Huelva trata de los órganos generales de gobierno y representación de la Universidad?

a) Título Preliminar.
b) Título I.
c) Título II.
d) Título III.

4. ¿Qué título de los Estatutos de la Universidad de Huelva trata sobre la reforma de los Estatutos?

a) Título III.
b) Título V.
c) Título VII.
d) Título IX.

5. ¿Qué proporción del Claustro Universitario de la Universidad de Huelva puede solicitar la reforma de los Estatutos?

a) Un tercio.
b) Dos quintos.
c) Un cuarto.
d) Una décima parte.

6. El proyecto de reforma de los Estatutos de la Universidad de Huelva necesitará para su aprobación una mayoría:

a) De tres quintos de los miembros del Claustro Universitario.
b) Absoluta de los miembros del Consejo de Gobierno.
c) Absoluta de los miembros del Consejo Social.
d) De dos tercios de los miembros del Claustro Universitario.

7. A la Universidad de Huelva, como institución pública al servicio de la sociedad, corresponde la prestación del servicio público de la educación superior, mediante el estudio, la docencia, la investigación y:

a) La publicación de sus actividades.
b) La innovación.
c) El desarrollo de la tecnología.
d) La transferencia de conocimiento a la sociedad.

8. Señala la opción incorrecta. La Universidad de Huelva persigue ser un instrumento eficaz de transformación y progreso social y estar al servicio de:

a) El desarrollo intelectual y material de los pueblos.
b) Las empresas y la industria.
c) La defensa del medio ambiente.
d) La paz.

9. Según sus Estatutos, una de las funciones que ha de desarrollar la Universidad de Huelva es la difusión, la valorización y la transferencia del conocimiento al servicio de la cultura, de la calidad de la vida, y de:

a) La creación de empleo.
b) La revolución tecnológica.
c) El desarrollo económico.
d) La unión entre los pueblos.

10. La actividad de la Universidad de Huelva, así como su autonomía, se fundamentan en el principio de:

a) Libertad académica.
b) Transparencia y buen gobierno.

c) Derecho de admisión.
d) Igualdad de oportunidades.

11. ¿Cuál de las siguientes leyendas figura en el sello de la Universidad de Huelva?

a) In itinere veritas.
b) Non plus ultra.
c) Virtus robur et studium.
d) Sapere aude.

12. Según el artículo 53.1 del Estatuto de Autonomía para Andalucía, ¿qué competencia corresponde en exclusiva a la Comunidad Autónoma en materia de enseñanza universitaria?

a) La expedición de títulos oficiales por las universidades.
b) La financiación estatal directa de las universidades.
c) La creación de universidades públicas y la autorización de las privadas.
d) La organización interna de los departamentos universitarios.

13. ¿Mediante qué norma fueron aprobados los vigentes Estatutos de la Universidad de Huelva?

a) Ley Orgánica 2/2023, de 22 de marzo.
b) Decreto 232/2011, de 12 de julio.
c) Decreto 53/2007, de 20 de febrero.
d) Estatuto de Autonomía para Andalucía.

14. ¿Qué naturaleza jurídica tiene la Universidad de Huelva según sus Estatutos?

a) Entidad privada de interés público.
b) Fundación pública autonómica.
c) Entidad de Derecho público con personalidad jurídica propia.
d) Organismo autónomo dependiente del Estado.

15. ¿Cuál de los siguientes NO es un fin de la Universidad de Huelva?

a) La investigación y la transferencia de conocimiento.
b) La formación integral de sus miembros.
c) La defensa del medio ambiente y de la paz.
d) La gestión exclusiva del sistema universitario andaluz.

En MADTEST tienes **más preguntas de este tema**, y todos tus avances quedan registrados y se reflejan en el ranking.

¡Supera tus límites con MADTEST!

Solución al test n.º 11

1. a) Competencia exclusiva.

2. c) 2011.

3. b) Título I.

4. d) Título IX.

5. b) Dos quintos.

6. a) De tres quintos de los miembros del Claustro Universitario.

7. d) La transferencia de conocimiento a la sociedad.

8. b) Las empresas y la industria.

9. c) El desarrollo económico.

10. a) Libertad académica.

11. d) Sapere aude.

12. c) La creación de universidades públicas y la autorización de las privadas.

13. b) Decreto 232/2011, de 12 de julio.

14. c) Entidad de Derecho público con personalidad jurídica propia.

15. d) La gestión exclusiva del sistema universitario andaluz.

TEST N.º 12

Real Decreto 822/2021, de 28 de septiembre, por el que se establece la organización de las enseñanzas universitarias y del procedimiento de aseguramiento de su calidad. Disposiciones generales. Organización de las enseñanzas universitarias. Organización básica de las enseñanzas universitarias oficiales de Grado. Organización básica de las enseñanzas universitarias oficiales de Máster. Organización básica de las enseñanzas universitarias oficiales de Doctorado

1. El objeto del Real Decreto 822/2021 es:

a) Regular exclusivamente los títulos oficiales universitarios.
b) Establecer la financiación del sistema universitario.
c) Regular la organización de las enseñanzas universitarias y el aseguramiento de su calidad.
d) Ordenar el acceso a la universidad.

2. El ámbito de aplicación del Real Decreto 822/2021 incluye:

a) Únicamente títulos oficiales.
b) Sólo enseñanzas de Grado.
c) Enseñanzas oficiales y formación permanente como títulos propios.
d) Exclusivamente universidades públicas.

3. Las enseñanzas universitarias oficiales se estructuran en:

a) Dos ciclos.
b) Cuatro niveles.
c) Tres ciclos: Grado, Máster y Doctorado.
d) Grado y Posgrado.

4. Los títulos universitarios oficiales deben inscribirse:

a) En el Consejo de Universidades.
b) En el Ministerio de Educación.

c) En el Registro de Universidades, Centros y Títulos (RUCT).
d) En la Agencia Nacional de Evaluación.

5. Los títulos oficiales de Grado y Máster deberán adscribirse:

a) A una rama de conocimiento.
b) A una especialidad.
c) A uno de los campos de estudio del Anexo I.
d) A un ámbito general.

6. Los títulos oficiales acreditan su nivel conforme:

a) Al Marco Europeo de Cualificaciones.
b) Al sistema ECTS.
c) Al Marco Español de Cualificaciones para la Educación Superior (MECES).
d) A los criterios de ANECA.

7. El principio de rigor académico implica:

a) Flexibilidad curricular.
b) Exigencia académica del proyecto formativo.
c) Orientación profesional exclusiva.
d) Predominio de la evaluación continua.

8. Los planes de estudios deberán incorporar como referentes:

a) Únicamente objetivos formativos.
b) Principios económicos.
c) Principios democráticos y Objetivos de Desarrollo Sostenible.
d) Directrices autonómicas.

9. El respeto a la igualdad de género se vincula expresamente:

a) A la Constitución Española.
b) A la Ley Orgánica 3/2007.
c) A la normativa universitaria interna.
d) A la normativa europea.

10. Los valores transversales deberán incorporarse:

a) Solo en Grados.
b) Exclusivamente como asignaturas.
c) Como contenidos o competencias transversales.
d) Únicamente en guías docentes.

11. El plan de estudios estructura:

a) Solo contenidos docentes.
b) Únicamente competencias.
c) Objetivos, conocimientos, competencias, prácticas y evaluación.
d) Normas internas del centro.

12. Un curso académico equivale:

a) A 30 créditos ECTS.
b) A 60 créditos ECTS.
c) A 90 créditos ECTS.
d) A 45 créditos ECTS.

13. Se exceptúan de la estructura de 60 créditos por curso:

a) Todos los Grados.
b) Los Doctorados.
c) Másteres de 90 créditos.
d) Másteres de 120 créditos.

14. La memoria del plan de estudios deberá ser verificada por:

a) El Ministerio de Universidades.
b) ANECA.
c) El Consejo de Universidades.
d) La comunidad autónoma.

15. En los planes de estudios conjuntos:

a) No se requiere convenio.
b) Participan solo universidades españolas.
c) Se requiere un convenio incorporado a la memoria.
d) No existe universidad coordinadora.

En MADTEST tienes **más preguntas de este tema**, y todos tus avances quedan registrados y se reflejan en el ranking.

¡Supera tus límites con MADTEST!

Solución al test n.º 12

1. c) Regular la organización de las enseñanzas universitarias y el aseguramiento de su calidad.

2. c) Enseñanzas oficiales y formación permanente como títulos propios.

3. c) Tres ciclos: Grado, Máster y Doctorado.

4. c) En el Registro de Universidades, Centros y Títulos (RUCT).

5. c) A uno de los campos de estudio del Anexo I.

6. c) Al Marco Español de Cualificaciones para la Educación Superior (MECES).

7. b) Exigencia académica del proyecto formativo.

8. c) Principios democráticos y Objetivos de Desarrollo Sostenible.

9. b) A la Ley Orgánica 3/2007.

10. c) Como contenidos o competencias transversales.

11. c) Objetivos, conocimientos, competencias, prácticas y evaluación.

12. b) A 60 créditos ECTS.

13. c) Másteres de 90 créditos.

14. c) El Consejo de Universidades.

15. c) Se requiere un convenio incorporado a la memoria.

**Información general relativa a la Universidad de Huelva.
Estructura del Gobierno. Centros, Departamentos.
Catálogo de Titulaciones de Grado**

1. ¿Cuál de los siguientes es el órgano de participación de la sociedad en la Universidad de Huelva?

a) El Consejo Social.
b) El Claustro Universitario.
c) El Consejo de Gobierno.
d) La Junta de Facultad.

2. El Consejo de Gobierno estará constituido por el Rector o Rectora, que lo presidirá, el Secretario o Secretaria General, el o la Gerente, y por un máximo de:

a) 11 miembros.
b) 24 miembros.
c) 50 miembros.
d) 252 miembros.

3. El Consejo de Gobierno de la Universidad de Huelva se reunirá, en sesión ordinaria, al menos:

a) Dos veces al mes.
b) Una vez al mes.
c) Una vez cada dos meses.
d) Una vez al trimestre.

4. Corresponde aprobar los reglamentos de funcionamiento de los servicios universitarios:

a) Al Consejo Social.
b) Al Claustro Universitario.

c) Al Vicerrectorado de Profesorado y Política Académica.
d) Al Consejo de Gobierno.

5. Corresponde al Consejo Social de la Universidad de Huelva:

a) Aprobar las cuentas anuales de la Universidad y de las entidades que de ella puedan depender.

b) Establecer las líneas estratégicas y programáticas de la Universidad, así como las directrices y procedimientos para su aplicación, en los ámbitos de organización de las enseñanzas, investigación, recursos humanos y económicos y elaboración de los presupuestos.

c) Aprobar los planes de estudios y las condiciones de convalidación, así como los planes de investigación.

d) Convocar elecciones a Rector o Rectora a iniciativa de un tercio de sus miembros y con la aprobación de dos tercios.

6. ¿Cuántos representantes del Personal de Administración y Servicios hay en el Claustro Universitario de la Universidad de Huelva?

a) 63.
b) 25.
c) 15.
d) 10.

7. El Claustro Universitario de la Universidad de Huelva se reunirá en sesión ordinaria al menos:

a) Una vez al mes.
b) Dos veces al mes.
c) Una vez cada dos meses.
d) Dos veces al año.

8. ¿Cuál es el máximo órgano colegiado de representación de la comunidad universitaria en la Universidad de Huelva?

a) El Consejo Social.
b) El Consejo de Gobierno.
c) El Claustro Universitario.
d) El Departamento.

9. Es una función del Consejo de Gobierno de la Universidad de Huelva:

a) Aprobar las normas de disciplina académica.
b) Aprobar la programación plurianual de la Universidad.

c) Ordenar la contratación de auditorías externas de cuentas y de gestión de los servicios administrativos de la Universidad, hacer su seguimiento y conocer y evaluar sus resultados.

d) Aprobar el reglamento para la elección de los miembros del Claustro Universitario.

10. ¿Qué porcentaje de estudiantes habrá en las Juntas de Centro de la Universidad de Huelva?

a) 65 %.
b) 40 %.
c) 25 %.
d) 10 %.

11. Son los órganos encargados de coordinar las enseñanzas de una o varias áreas de conocimiento en uno o varios centros, de acuerdo con la programación docente de la Universidad de Huelva:

a) Los Departamentos.
b) Las Juntas de Centro.
c) Los Vicerrectorados.
d) Las Comisiones del Consejo de Gobierno.

12. La duración del mandato del Rector o Rectora de la Universidad de Huelva será de:

a) 2 años.
b) 3 años.
c) 4 años.
d) 5 años.

13. Corresponde la gestión de la hacienda, el patrimonio y las rentas de la Universidad de Huelva:

a) Al Gerente.
b) Al Rector.
c) Al Secretario General.
d) Al Vicerrector de Investigación y Planificación Estratégica.

14. El Director o Directora del Departamento será elegido por el Consejo de Departamento:

a) De entre sus miembros.
b) De entre el profesorado doctor con vinculación permanente a la Universidad miembro del mismo.
c) De entre el profesorado con vinculación permanente a la Universidad miembro del mismo.
d) De entre el personal docente o investigador miembro del mismo.

15. Es la máxima autoridad académica de la Universidad:

a) El Rector.
b) El Gerente.
c) El Decano.
d) El Director de Departamento.

En MADTEST tienes **más preguntas de este tema**, y todos tus avances quedan registrados y se reflejan en el ranking.

¡Supera tus límites con MADTEST!

Solución al test n.º 13

1. a) El Consejo Social.

2. c) 50 miembros.

3. c) Una vez cada dos meses.

4. d) Al Consejo de Gobierno.

5. a) Aprobar las cuentas anuales de la Universidad y de las entidades que de ella puedan depender.

6. b) 25.

7. d) Dos veces al año.

8. c) El Claustro Universitario.

9. a) Aprobar las normas de disciplina académica.

10. c) 25 %.

11. a) Los Departamentos.

12. c) 4 años.

13. a) Al Gerente.

14. b) De entre el profesorado doctor con vinculación permanente a la Universidad miembro del mismo.

15. a) El Rector.

TEST N.º 14

Bases de ejecución presupuestaria de la Universidad de Huelva. El presupuesto. Los créditos y sus modificaciones. Gestión de los gastos

1. Los Presupuestos son:

a) La expresión cifrada, conjunta y sistemática de los derechos a liquidar y las obligaciones a reconocer durante el ejercicio.

b) La expresión cifrada, independiente y sistemática de los derechos y obligaciones a liquidar durante el ejercicio.

c) La expresión cifrada, conjunta y sistemática de las obligaciones que puede reconocer la Institución, así como los derechos que se prevén liquidar en el transcurso del año natural.

d) La expresión específica, conjunta y sistemática de los derechos y obligaciones a liquidar durante el ejercicio.

2. No es cierto que, a la hora de elaborar los presupuestos de la Universidad de Huelva:

a) Se incluya una estimación de los gastos.

b) Se elaboren teniendo en cuenta la Ley Orgánica 2/2012, de 27 de abril.

c) El presupuesto será público, único y equilibrado.

d) Comprende la totalidad de los ingresos y de los gastos.

3. El Presupuesto de la Universidad se aprueba por:

a) El Rector.

b) El Consejo de Gobierno.

c) El Claustro.

d) El Consejo Social.

4. Siguiendo la clasificación económica del gasto, ¿qué capítulo recoge el Gasto de Personal?

a) El Capítulo I.

b) El Capítulo II.

c) El Capítulo IV.
d) El Capítulo V.

5. ¿Y los Pasivos Financieros?

a) El Capítulo III.
b) El Capítulo II.
c) El Capítulo IX.
d) El Capítulo IV.

6. ¿Y los Gastos Financieros?

a) El Capítulo II.
b) El Capítulo IV.
c) El Capítulo VI.
d) El Capítulo V.

7. ¿Y las transferencias corrientes?

a) El Capítulo II.
b) El Capítulo IV.
c) El Capítulo VI.
d) El Capítulo V.

8. ¿Y los gastos corrientes en bienes y servicios?

a) El Capítulo II.
b) El Capítulo IV.
c) El Capítulo VI.
d) El Capítulo V.

9. ¿Y los Activos Financieros?
a) El Capítulo IX.
b) El Capítulo VII.
c) El Capítulo VI.
d) El Capítulo VIII.

10. En lo que se refiere a los ingresos, la partida presupuestaria que prevé una mayor cuantía es:

a) Ingresos patrimoniales.
b) Tasas, precios públicos y otros ingresos.
c) Transferencias corrientes.
d) Transferencias de capital.

11. En la clasificación económica de ingresos, Enajenación de Inversiones Reales se corresponde con:

a) El Capítulo IX.
b) El Capítulo VII.
c) El Capítulo VI.
d) El Capítulo VIII.

12. ¿Y los Activos Financieros?

a) El Capítulo IX.
b) El Capítulo VII.
c) El Capítulo VI.
d) El Capítulo VIII.

13. ¿Y las Transferencias Corrientes?

a) El Capítulo III.
b) El Capítulo VII.
c) El Capítulo IV.
d) El Capítulo VI.

14. ¿Y los Ingresos Patrimoniales?

a) El Capítulo V.
b) El Capítulo VI.
c) El Capítulo VII.
d) El Capítulo VIII.

15. ¿Y las Transferencias de Capital?

a) El Capítulo IX.
b) El Capítulo VII.
c) El Capítulo VI.
d) El Capítulo VIII.

En MADTEST tienes **más preguntas de este tema**, y todos tus avances quedan registrados y se reflejan en el ranking.

¡Supera tus límites con MADTEST!

Solución al test n.º 14

1. c) La expresión cifrada, conjunta y sistemática de las obligaciones que puede reconocer la Institución, así como los derechos que se prevén liquidar en el transcurso del año natural.

2. a) Se incluya una estimación de los gastos.

3. d) El Consejo Social.

4. a) El Capítulo I.

5. c) El Capítulo IX.

6. c) El Capítulo VI.

7. b) El Capítulo IV.

8. a) El Capítulo II.

9. d) El Capítulo VIII.

10. c) Transferencias corrientes.

11. c) El Capítulo VI.

12. d) El Capítulo VIII.

13. c) El Capítulo IV.

14. a) El Capítulo V.

15. b) El Capítulo VII.

Reglamento de permanencia y progreso en las enseñanzas oficiales de Grado y Máster en la Universidad de Huelva

1. Le corresponde la aprobación de las normas que regulen el proceso y la permanencia en la Universidad de los estudiantes:

a) Al Rector.
b) Al Secretario General.
c) Al Consejo Social.
d) A todos los órganos anteriores.

2. Indica la respuesta incorrecta. El Reglamento de permanencia y proceso en las enseñanzas oficiales de grado y máster fue aprobado por:

a) El Consejo de Gobierno el 29 de julio de 2016.
b) El Consejo de Gobierno el 23 de julio de 2016.
c) El Consejo Social el 23 de septiembre de 2016.
d) Son correctas las respuestas a) y c).

3. Los alumnos matriculados a tiempo completo que inicien una titulación de grado deberán matricularse, en su primer curso académico:

a) De un mínimo de 40 créditos y un máximo de 78.
b) De un mínimo de 60 créditos y un máximo de 78.
c) De un mínimo de 50 créditos y un máximo de 58.
d) De un mínimo de 40 créditos y un máximo de 68.

4. Los alumnos matriculados a tiempo completo que inicien una titulación de grado deberán matricularse, en su segundo curso académico:

a) De un mínimo de 40 créditos y un máximo de 78.
b) De un mínimo de 36 créditos y un máximo de 78.
c) De un mínimo de 24 créditos y un máximo de 58.
d) De un mínimo de 20 créditos y un máximo de 68.

5. Los alumnos matriculados a tiempo completo que inicien una titulación de grado deberán matricularse, en su cuarto curso académico:

a) De un mínimo de 40 créditos y un máximo de 78.
b) De un mínimo de 36 créditos y un máximo de 78.
c) De un mínimo de 24 créditos y un máximo de 58.
d) De un mínimo de 20 créditos y un máximo de 68.

6. Los alumnos matriculados a tiempo parcial que inicien una titulación de grado deberán matricularse, en su cuarto curso académico:

a) De un mínimo de 40 créditos y un máximo de 78.
b) De un mínimo de 36 créditos y un máximo de 78.
c) De un mínimo de 24 créditos y un máximo de 36.
d) De un mínimo de 20 créditos y un máximo de 48.

7. Los alumnos matriculados a tiempo completo que inicien una titulación de Máster deberán matricularse:

a) De un mínimo de 40 créditos y un máximo de 78.
b) De un mínimo de 60 créditos y un máximo de 78.
c) De un mínimo de 50 créditos y un máximo de 58.
d) De un mínimo de 40 créditos y un máximo de 68.

8. Los alumnos matriculados a tiempo parcial que inicien una titulación de Máster deberán matricularse:

a) De un mínimo de 40 créditos y un máximo de 78.
b) De un mínimo de 36 créditos y un máximo de 78.
c) De un mínimo de 24 créditos y un máximo de 36.
d) De un mínimo de 20 créditos y un máximo de 45.

9. En relación con el procedimiento de matriculación a tiempo parcial establecerá el número de plazas de nuevo ingreso a tiempo parcial que podrán, como máximo, ser ofertadas:

a) Cada centro, antes del inicio de la admisión de los estudiantes.
b) Cada Comunidad autónoma, antes del inicio de la admisión de los estudiantes.
c) Cada centro, una vez iniciada la admisión de los estudiantes.
d) Cada Comunidad autónoma, una vez iniciada la admisión de los estudiantes.

10. Los estudiantes de nuevo ingreso formalizarán matrícula de los créditos correspondientes a tiempo completo, y podrán solicitar matricularse a tiempo parcial, exponiendo y justificando las causas que motivan esta solicitud, en un plazo no superior a:

a) 24 horas, desde que el estudiante realizó su matrícula.
b) 3 días, desde que el estudiante realizó su matrícula.
c) 5 días, desde que el estudiante realizó su matrícula.
d) 10 días, desde que el estudiante realizó su matrícula.

11. En el caso de estudiantes que no sean de nuevo ingreso, la solicitud de cambio, tanto de tiempo parcial a completo como, al contrario, se formulará:

a) En 24 horas, desde que el estudiante realizó su matrícula.
b) En 3 días, desde que el estudiante realizó su matrícula.
c) En 10 días, desde que el estudiante realizó su matrícula.
d) Durante el periodo de matrícula.

12. Durante el desarrollo de los estudios, ¿cuántos cambios en la situación inicial de la matrícula pueden realizarse?

a) Uno.
b) Dos.
c) Tres.
d) Cuatro.

13. Resuelve sobre los cambios en la situación de la matrícula:

a) El Rectorado.
b) El Vicedecano de Ordenación Académica.
c) La Comisión de Ordenación Académica del Centro.
d) La Junta de Gobierno.

14. Se publica la resolución sobre los cambios en la situación de la matrícula:

a) A través de medios electrónicos.
b) A través del tablón de anuncios.
c) A través del periódico de la Universidad.
d) Son correctas las respuestas a) y b).

15. Contra la resolución sobre los cambios en la situación de la matrícula, el estudiante:

a) Podrá acudir a los tribunales.
b) Podrá interponer un recurso de reposición.
c) Podrá interponer un recurso de alzada ante el Rector.
d) Podrá interponer un recurso extraordinario.

En MADTEST tienes **más preguntas de este tema**, y todos tus avances quedan registrados y se reflejan en el ranking.

¡Supera tus límites con MADTEST!

Solución al test n.º 15

1. c) Al Consejo Social.

2. d) Son correctas las respuestas a) y c).

3. b) De un mínimo de 60 créditos y un máximo de 78.

4. b) De un mínimo de 36 créditos y un máximo de 78.

5. b) De un mínimo de 36 créditos y un máximo de 78.

6. c) De un mínimo de 24 créditos y un máximo de 36.

7. b) De un mínimo de 60 créditos y un máximo de 78.

8. d) De un mínimo de 20 créditos y un máximo de 45.

9. a) Cada centro, antes del inicio de la admisión de los estudiantes.

10. c) 5 días, desde que el estudiante realizó su matrícula.

11. d) Durante el periodo de matrícula.

12. b) Dos.

13. c) La Comisión de Ordenación Académica del Centro.

14. d) Son correctas las respuestas a) y b).

15. c) Podrá interponer un recurso de alzada ante el Rector.

TEST N.º 16

Microsoft 365: Word. Creación y estructuración del documento. Gestión, grabación, recuperación, impresión y control de versiones de documentos. Tablas. Objetos. Columnas. Encabezado y pie de página. Viñetas, numeración y esquema numerado. Creación de estilos. Formato de fuente, párrafo y página. Tabulaciones. Diseño de impresión

1. ¿Desde qué pestaña de la cinta de opciones de Word podremos comparar dos versiones de un documento?

a) Inicio.
b) Referencias.
c) Word no nos permite realizar esa acción.
d) Revisar.

2. ¿Cuál de las siguientes relaciones entre opción y grupo no es correcta?

a) Tachado y Fuente.
b) Interlineado y Párrafo.
c) Espaciado y Párrafo.
d) Hipervínculo y Referencias.

3. La alineación es un comando de Word 365 que afecta a:

a) La selección de texto.
b) La dirección del texto.
c) El interlineado del texto.
d) Los párrafos.

4. ¿En qué ficha y grupo está la opción para utilizar las tabulaciones?

a) Insertar / Tabulaciones.
b) Inicio / Párrafo/ botón cuadro diálogo Párrafo.
c) Inicio / formato / Tabulaciones.
d) Inicio / Tabulaciones.

5. En Word, ¿cuál es la diferencia entre pulsar INTRO y pulsar las teclas Mayúsculas + Intro?

a) Intro indica párrafo nuevo y Mayúsculas + Intro indica salto de línea.
b) No hay diferencias para Word.
c) Intro indica párrafo nuevo, y Mayúsculas + Intro indica salto de sección.
d) Intro indica salto de línea nuevo, y Mayúsculas + Intro indica salto de sección.

6. El botón Borrar Formato en Word:

a) Borra todo el Formato de la selección.
b) Deja el texto sin formato y lo elimina.
c) Funciona haciendo doble clic.
d) Ese botón existe en Excel, pero no en Word.

7. Los sangrados en Word:

a) Definen el límite izquierdo de los párrafos de un documento, pero no el derecho.
b) Definen el límite derecho de los párrafos de un documento, pero no el izquierdo.
c) Definen el límite izquierdo y el límite derecho de los párrafos de un documento.
d) Definen el límite izquierdo de los párrafos de un documento y el estado de la primera línea de cada uno.

8. La carta modelo en un proceso de combinar correspondencia de Word:

a) Tendrá la tabla de datos para combinar.
b) No tendrá los campos de combinación.
c) Incluirá el texto que no varía.
d) Tendrá tantas hojas como datos se combinen.

9. El método más rápido para acceder a las opciones de la cinta de opciones de Word 365 es hacer un clic con el ratón sobre ellas; si queremos acceder a las distintas opciones de los paneles y menús a partir del teclado, podemos pulsar la tecla:

a) F1.
b) Shift.
c) Ctrl.
d) Alt.

10. La combinación de teclas para la alineación centrada es:

a) Ctrl + T.
b) Ctrl + Q.
c) Ctrl + J.
d) Ctrl + Alt + C.

11. El interlineado se puede definir como:

a) El espacio que hay entre los párrafos de un documento.
b) El espacio que hay entre los caracteres de un párrafo.
c) El espacio que hay entre los párrafos seleccionados.
d) El espacio que hay entre una y otra línea de un mismo párrafo.

12. ¿En qué menú de Word 365 se encuentra la opción Marcas de Agua?

a) Insertar.
b) Diseño.
c) Disposición.
d) Inicio.

13. ¿Qué combinación de teclas nos lleva en Word 365 al menú de impresión?

a) Alt + Ctrl + R.
b) Alt + Ctrl + V.
c) Alt + Ctrl + I.
d) Alt + Ctrl + D.

14. La sangría francesa:

a) Controla el límite izquierdo de todas las líneas del párrafo menos la segunda.
b) Controla el límite izquierdo de todas las líneas del párrafo menos la última.
c) Controla el límite izquierdo de todas las líneas del párrafo menos la primera.
d) Controla el límite derecho de todas las líneas del párrafo menos la segunda.

15. Para disminuir un nivel en una lista Multinivel de Word 365 pulsamos:

a) Mayúsculas + Control.
b) Mayúsculas + Ins.
c) Mayúsculas + L.
d) Ninguna es correcta.

En MADTEST tienes **más preguntas de este tema**, y todos tus avances quedan registrados y se reflejan en el ranking.

¡Supera tus límites con MADTEST!

Solución al test n.º 16

1. d) Revisar.

2. d) Hipervínculo y Referencias.

3. d) Los párrafos.

4. b) Inicio / Párrafo/ botón cuadro diálogo Párrafo.

5. a) Intro indica párrafo nuevo y Mayúsculas + Intro indica salto de línea.

6. a) Borra todo el Formato de la selección.

7. c) Definen el límite izquierdo y el límite derecho de los párrafos de un documento.

8. c) Incluirá el texto que no varía.

9. d) Alt.

10. a) Ctrl + T.

11. d) El espacio que hay entre una y otra línea de un mismo párrafo.

12. b) Diseño.

13. c) Alt + Ctrl + I.

14. c) Controla el límite izquierdo de todas las líneas del párrafo menos la primera.

15. d) Ninguna es correcta.

Microsoft 365: Excel. Libros, hojas y celdas. Configuración. Introducción y edición de datos. Fórmulas, funciones y referencias a hojas y celdas. Gráficos. Gestión de datos. Personalización del entorno de trabajo. Formato de celdas. Formatos condicionales. Protección de la hoja de cálculo por contraseña. Diseño de impresión

1. Si queremos eliminar un comentario que tiene una celda de Excel 365, ¿a qué ficha tenemos que acceder?

a) Revisar.
b) Comentarios.
c) Datos.
d) Programador.

2. Las constantes de Excel 365 pueden ser valores:

a) Numéricos y de tipo texto.
b) Horas y Fechas.
c) Numéricos, de texto, horas y fechas.
d) Numéricos, de texto, horas y fechas y booleanos.

3. Si en una celda aparecen símbolos de sostenido (#####):

a) Está en notación científica negativa.
b) Es un valor de texto incorrecto.
c) El valor no cabe en la altura de la celda.
d) El valor no cabe en la anchura de la celda.

4. De manera predeterminada, Excel 365:

a) Muestra 2 hoja de cálculo.
b) Muestra 5 hojas de cálculo.
c) Muestra 10 hojas de cálculo.
d) Es un valor configurable.

5. La opción de ocultar Hoja de Excel 365 podemos encontrarla en:

a) El botón de lista Insertar.
b) El botón de lista Hoja.
c) El botón de lista Formato.
d) El botón de lista Eliminar.

6. La etiqueta de la hoja de cálculo se colorea totalmente cuando:

a) Estás en una hoja distinta.
b) Estás en la propia hoja.
c) Siempre está coloreada.
d) Si la hoja no está totalmente vacía.

7. En la ficha Página, en el grupo Configurar Página, podemos:

a) Definir los márgenes de la hoja.
b) Definir los saltos de página.
c) Definir la orientación.
d) Definir los márgenes, los saltos de página pero no el centrado de las páginas.

8. La escala de ajuste de la hoja de cálculo, tiene un valor máximo de:

a) 100 %.
b) 400 %.
c) 250 %.
d) 150 %.

9. Un encabezado en Excel 365 es la parte de la Hoja que está:

a) Entre el borde inferior y el margen superior.
b) Entre el borde inferior y el margen inferior.
c) Entre el borde superior y el margen superior.
d) Ninguna de las respuestas es correcta.

10. El código #N/A es:

a) Error de acceso a la celda.
b) Fórmula matricial.
c) Error de celda.
d) División por 0.

11. Las funciones de Excel 365 son:

a) Fórmulas predefinidas.
b) Cálculos predefinidos.

c) Argumentos predefinidos.
d) Macros.

12. La función =SUMA(A1 ; A8 ; A10)

a) Suma todas las celdas desde la A1 a la A8 y además la A10.
b) Suma todas las celdas desde la A1 a la A10 menos la A8.
c) Suma todas las celdas desde la A1 a la A8 y el resultado lo coloca en la A10.
d) Suma las celdas A1, A8 y la A10.

13. La función =SUMA(A1 ; 3 ; A8)

a) Suma 3 veces la celda A1 y la A8.
b) Suma la celda A1 y 3 veces la celda A8.
c) No es una formula correcta.
d) Suma la celda A1, una constante de 3 y la celda A8.

14. La función RESIDUO:

a) Calcula el interés residual de un préstamo.
b) Devuelve el resto de una división.
c) Calcula la parte entera de una división.
d) No es una función correcta, sería RESTO.

15. La función" =REDONDEAR (B3 ; -2)", teniendo en B3 el valor "14,14":

a) Dará un error como resultado.
b) Redondea el valor B3 al valor más cercano a "-2".
c) Redondea el valor B3 y le resta "2".
d) Devuelve como resultado 0.

En MADTEST tienes **más preguntas de este tema**, y todos tus avances quedan registrados y se reflejan en el ranking.

¡Supera tus límites con MADTEST!

Solución al test n.º 17

1. a) Revisar.

2. c) Numéricos, de texto, horas y fechas.

3. d) El valor no cabe en la anchura de la celda.

4. d) Es un valor configurable.

5. c) El botón de lista Formato.

6. a) Estás en una hoja distinta.

7. c) Definir la orientación.

8. b) 400 %.

9. c) Entre el borde superior y el margen superior.

10. c) Error de celda.

11. a) Fórmulas predefinidas.

12. d) Suma las celdas A1, A8 y la A10.

13. d) Suma la celda A1, una constante de 3 y la celda A8.

14. b) Devuelve el resto de una división.

15. d) Devuelve como resultado 0.

Cómo acceder al Curso

Escala Auxiliar Administrativa
Test del temario

El uso de los códigos **es exclusivo de los compradores de los productos de Editorial MAD**. Cada producto posee un código único y de un solo uso. Es personal e intransferible y da acceso a servicios y contenidos adicionales. Editorial MAD se reserva el derecho de hacer cuantas comprobaciones sean necesarias para identificar al legítimo poseedor del código y dejar de dar servicio a quien haga uso fraudulento del mismo, además de emprender cuantas acciones legales estime oportunas según la legislación vigente.

Deberás acceder a:

mad.es/registro-campus

Si una vez aceptadas las condiciones de uso del Campus decides hacer uso del mismo, necesitarás del siguiente código de acceso junto con los códigos del resto de títulos que se exigen (si fuera el caso):

SVIT85HYPM